ENDOSOS

Acabo de leer *Oraciones de intervención* y puedo decir sinceramente que este libro no se parece a ninguno que haya leído. Es capacitador, poderoso y transformador de vidas, escrito por alguien que necesitaba el poder interventor de Dios y lo recibió. El libro dice que «si alguien a quien usted ama está luchando por su vida, atrapado en una adicción o engañado por fuerzas destructivas, este libro es para usted». No podría estar más de acuerdo. Créame cuando le digo que este libro ayudará a cualquiera. ¡Me siento honrado de que me pidieran que escribiera un respaldo para este poderoso libro!

Rick Renner
Ministerios Rick Renner
Moscú, Rusia

Para cada persona amorosa que alguna vez haya hecho la oración de desesperación por un familiar o amigo: por fin hay un libro que te guiará para salir de la desesperación hacia una oración poderosa y efectiva. Cuando te des cuenta de que Dios está de tu lado, tu fe alcanzará nuevos niveles.

Michelle ha encontrado los secretos de la oración que funcionan en su propia vida y la de su familia. Deja que su conocimiento del amor y la compasión de Dios se derrame sobre ti, te anime y te permita estar en la brecha por tus seres queridos.

Annette Capps
Ministerios Capps
Tulsa, Oklahoma

Se han escrito muchos libros sobre la oración y cada uno tiene un valor único. Sin embargo, rara vez aparece un libro escrito desde la perspectiva de un beneficiario de una oración de intervención que cambio su vida.

El libro de Michelle es uno de ellos. ¡Ella escribe por experiencia personal como alguien cuya vida fue salvada por una oración persistente, efectiva y poderosa!

Cada capítulo no sólo brinda ejemplos bíblicos y otros testimonios de cómo la oración intervino en una situación que de otro modo sería desesperada, sino que también da al lector palabras para orar y la Palabra para edificar la fe.

Escrito como un devocional, este libro puede convertirse en una primera respuesta a la que acudir diariamente. Serás equipado y edificado para orar no sólo fervientemente sino también eficazmente por resultados milagrosos.

Patsy Cameneti
Iglesia de la familia Rema
Brisbane, Australia

ORACIONES DE
INTERVENCIÓN

Harrison House

Shippensburg, PA

ORACIONES DE
INTERVENCIÓN

ORACIONES PODEROSAS PARA
RESCATAR Y RESTAURAR
A SU FAMILIA

MICHELLE STEELE

DEDICATORIA

Dedico este libro a todos aquellos que mantienen la vida de sus seres queridos ante Dios, se mantienen firmes en la fe para que ellos estén libres de la destrucción creyendo que verán la bondad del Señor en la tierra de los vivos. Que el Salmo 22:5 (NTV) se establezca en sus vidas:

Clamaron a ti, y los salvaste;
confiaron en ti y nunca fueron avergonzados.

CONTENIDO

SEMANA TRES

SEMANA CUATRO

"9-1-1... ¿CUÁL ES SU EMERGENCIA?"

El miembro de la familia, frenético, escucha la voz del operador del 911 y sabe que se ha conectado con su línea de vida. Lo invade una sensación de alivio y un rayo de esperanza reemplaza aquel temor de perder a su ser querido. En cuestión de minutos, se despachan recursos para socorrerlo. ¡Ya viene ayuda!

Si la vida de su ser querido corre peligro porque se encuentra atrapado en la adicción o engañado por fuerzas destructivas, ¡este manual es para usted! Basado en la Palabra de Dios, este libro lo ayudará a pedir ayuda al Centro de llamadas 911 del cielo a fin de transmitir la información adecuada para que los recursos de Dios de salvar vidas sean enviados a la ubicación de su ser querido.

Su llamada al 911 es esencial para el rescate de su ser querido. El operador del 911 envía la ayuda, pero es posible que deba hacer algunas cosas hasta que llegue la ayuda. De la misma manera, hay cosas que el Señor le pedirá a usted que ore para abrir el camino para que Él obre. Es posible que le pida que ore para que se envíen obreros en el camino de su ser querido. El Señor puede pedirle que ore por la protección o abogar la sangre de Jesús. Entonces, ¡manténgase en la línea!

Muchas personas atrapadas en un estilo de vida destructivo han perdido la capacidad de poder cambiar su situación. Tal vez comenzaron a

usar drogas o alcohol en la escuela secundaria o la universidad porque era la forma de "festejar" en los fines de semana. Pero después de años de someterse al alcohol o las drogas, ahora no pueden dejarlo. ¡Han perdido el control! Ahora, necesitan que alguien, en pacto con Dios, interceda por ellos.

Si usted se siente desesperado cada vez que habla con Dios acerca de su ser querido, ¡he preparado este libro exclusivamente para usted! Ver a las personas que usted ama luchar contra una adicción o contra un estilo de vida destructivo puede ser frustrante y atormentador. Usted necesita saber cómo mantenerse firme y desatar su fe, sin importar lo que vea en sus vidas.

Quiero ayudarle a mantenerse firme en la habilidad que Dios nos da. Isaías 40:31 dice: «*Pero los que esperan en el SEÑOR renovarán sus fuerzas; levantarán las alas como águilas. Correrán y no se cansarán; caminarán y no se fatigarán*». ¡Al confiar en Él, el Señor renueva sus fuerzas! Cuando el Señor dice que «*levantarán las alas como águilas*», me puedo imaginar el águila que se eleva por encima de la tormenta. Véase a sí mismo elevado por encima de la situación, con una visión clara de cómo ayudar a su ser querido.

En las páginas de este libro, usted encontrará respuestas. Aprenderá cómo resistir y cómo usar su fe y autoridad como armas espirituales. Con cuatro semanas de fe, divididas en dosis diarias de la Palabra de Dios, encontrará dirección y enfoque para orar con propósito. Cada semana comienza con un testimonio para impulsar su fe en la voluntad de Dios de salvar, seguido de una enseñanza diaria con claves vitales para liberar la asistencia que su ser querido necesita para salvar su vida.

Las oraciones están repletas de la Palabra de Dios y diseñadas para mostrarle cómo estructurar sus peticiones de acuerdo con la voluntad de

Dios. Se colocan versículos específicos estratégicamente al final de cada concepto diario para que pueda desviar su atención de la evidencia circunstancial y centrarse en la prueba de la fidelidad de Dios. Deje que las oraciones que se encuentran en este libro le ayuden a iniciar su conversación y sus peticiones a Dios. En otras palabras, deje que estas oraciones le ayuden a usted a comenzar, pero continúe por su cuenta, encontrando versículos que el Espíritu Santo le guíe a usar tratando con situaciones específicas que enfrenta su ser querido.

Este no es el tipo de libro que usted lee una vez y lo guarda en el estante. Cuando termine el libro, después de aplicar los conceptos y liberar su fe en oración, querrá empezar de nuevo. A medida que lo haga, ganará práctica con los conceptos que ha aprendido. Fortalecerá la base que se estableció con la primera lectura.

Por favor, busque a Dios para que le dé Su plan, a medida que lee este libro porque Dios tiene un plan específico para liberar a sus seres queridos que requerirá recursos espirituales y naturales. Es posible que esté enfrentando situaciones que amenazan la vida de sus familiares. Dios puede guiarlo a buscar ayuda en un centro de tratamiento, servicios de asesoramiento o un grupo de apoyo. Dios puede usar todas estas cosas para ayudarle a ganar esta batalla.

A medida que usted hace sus oraciones de intervención, visualice a los asistentes de Dios preparando sus equipos, subiendo a sus vehículos de emergencia y configurando su GPS con la ubicación donde se encuentra su ser querido. Manténgase en la línea, siga las instrucciones del Cielo y siéntase seguro que ¡la ayuda está en camino!

SEMANA UNO

UNA HISTORIA DE INTERVENCIÓN

UN PRODUCTO DE LA ORACIÓN

Nunca le conté a mis padres que había sufrido abuso sexual de parte del entrenador en la Secundaria o del cuidador del establo donde mi caballo había sido estabulado. Pensaron que era una rebelión adolescente, pero era más peligroso que eso. A la edad de quince años, me escapé de mi casa. Mi familia no entendía la agitación interna que yo sufría ni la destrucción que crecía en mi corazón.

Muchas decisiones tomadas en la oscuridad me llevaron por el camino de una prostituta rebelde y drogadicta. No sucedió de la noche a la mañana, pero me encontré en un callejón sin salida llena de odio hacia mí misma. Sufrí los altibajos emocionales de la adicción durante años, perforando mis venas con agujas hipodérmicas en búsqueda de la euforia que nunca fue suficiente. Se acumularon numerosos encuentros con la policía, arrestos y cargos por drogas hasta que fui arrestada por tres cargos de intento de robo a mano armada.

Aun así, no fue suficiente para hacerme cambiar el rumbo de mi vida. Después que mi compañero en crimen falleció de una sobredosis, mi vida se descontroló. En la parte de atrás del bar, en un barrio pobre de East Nashville, inserté la aguja en mi vena y vacié la dosis abundante de cocaína en mi brazo. En lugar de la euforia anticipada, me encontré con la muerte. Mi corazón se detuvo y me quedé parada frente a una calavera. Manos de oscuridad comenzaron a alcanzarme, tratando de arrastrarme al infierno. Entré de nuevo en mi cuerpo y salí corriendo. Salí corriendo del bar y bajé la calle antes de darme cuenta de que estaba de vuelta en mi cuerpo. (Para mi testimonio completo, lea *Escapando del infierno, una historia verdadera: El poder milagroso de Dios para restaurar una vida empeñada a la destrucción*).

Fui a la iglesia esa noche. Comencé a buscar a Dios, quería cambiar mis caminos y necesitaba Su ayuda. Afortunadamente, Dios tenía tropas en la tierra, personas que se acercarían y responderían a un caso complejo como

el mío. Acepté a Jesús como Señor, me conecté con una iglesia local, y comencé a aprender acerca de Dios, de Su Palabra y Sus caminos. El Señor reconstruyó mi vida, restauró mis amistades y me puso en el ministerio.

Al principio, me pregunté por qué mi final fue diferente. Cuando aprendí acerca de la autoridad que el creyente tiene en oración, pude ver la respuesta a mi pregunta. Mi familia me explicó cómo le habían pedido al Señor que me salvara. Mis hijos hicieron peticiones especiales en la escuela dominical para que Dios cambiara mi vida. Debido a que hubo personas en mi familia que le abrieron la puerta al poder de Dios para que entrara, dándole acceso legal para intervenir, el Señor pudo mostrarme Su misericordia y enviar Sus obreros a mi camino.

Cuando una persona llama al 911, está invitando la ayuda que está disponible y lista. Con esa llamada, se accede y se activa la ayuda. Eso es lo que sucedió cuando mis hijos le pidieron a su maestro de Escuela Dominical que se pusiera de acuerdo con ellos en oración. Llamaron al 911 y me enviaron la ayuda de Dios. Cuando mi abuela y mi mamá oraron, pidiéndole a Dios que me liberara, se conectaron con la línea de ayuda de Dios. Cada vez que llamaban, el Señor enviaba poder adonde yo estaba. Yo tuve que aceptar Su ayuda y Su poder. Pero sin las llamadas de emergencia que ellos hicieron, el poder no habría tenido acceso legal a mí.

Las oraciones de mis seres queridos se convirtieron en una invitación legal que envió a Jesús y Su ayuda a mi ubicación. Sin embargo, sé por sus testimonios que fue una lucha mantener su fe. No sabían cómo resistir lo que me estaba sucediendo o pararse en un lugar de autoridad para hacer una petición en mi nombre. Sabían que Dios era mi única esperanza, pero no estaban seguros de cómo conseguir que Él me ayudara.

Al contar la historia de mi vida y cómo Dios me rescató, he conocido a muchas personas con familiares que viven en la adicción y el crimen.

Sus rostros revelan la angustia y la ansiedad que abunda en sus corazones. Mientras describen los detalles de cuán desesperada es la situación en la vida de sus seres queridos, me suplican que ore por su familia. Mi corazón se compadece con cada uno de ellos porque sé que sus oraciones están cargadas de desesperación en lugar de fe y de expectativa de liberación.

¡PERSÍGUELA, PORQUE DE CIERTO LA ALCANZARÁS Y LIBRARÁS A LOS CAUTIVOS!

La Biblia habla de un hombre llamado David que pidió la intervención de Dios cuando su familia fue capturada. Su situación no ofrecía esperanza ni respuesta. Según todas las apariencias, ya era demasiado tarde. Los amalecitas habían quemado la ciudad de Siclag hasta los cimientos y habían llevado cautivo a todo el pueblo, incluso a las familias de David y sus soldados.

1 SAMUEL 30:1-5

Cuando David y sus hombres llegaron a Siclag al tercer día, los amalequitas habían hecho una incursión en el Néguev y en Siclag. Habían atacado Siclag y la habían incendiado. También se habían llevado cautivas a las mujeres y a todos a los que estaban en ella, desde el menor hasta el mayor. Pero no mataron a nadie, sino que los tomaron cautivos y siguieron su camino.

David y sus hombres llegaron a la ciudad, y he aquí que estaba incendiada y que sus mujeres, sus hijos y sus hijas habían sido llevados cautivos. Entonces David y la gente que estaba con él alzaron su voz y lloraron hasta que les faltaron las fuerzas para llorar. También habían sido tomadas cautivas las dos mujeres

de David, Ajinoam, de Jezreel, y Abigaíl, que fuera mujer de Nabal, de Carmel.

Cuando David y sus hombres regresaron a sus hogares y descubrieron que sus familias no estaban ahí, los soldados se afligieron tanto que hablaron de matar a David. ¡Qué manera tan extraña de responder! Pero su dolor era tan fuerte que querían liberarlo lastimando a alguien.

Usted puede tener dolor y tristeza causados por las situaciones de sus seres queridos. Pero el dolor, la tristeza o la ira no le ayudarán para nada en esta intervención. No permita que la sensación de pérdida lo controle. Es más, debe permanecer en un lugar donde la fe pueda operar.

Consulte con Dios para que le indique cómo Él quiere que usted maneje dicha situación. Eso fue lo que David hizo. David consultó al SEÑOR diciendo en 1 Samuel 30:8:

—¿He de perseguir a esa banda? ¿La podré alcanzar?

Y el Señor le respondió:

—Persíguela, porque de cierto la alcanzarás y librarás a los cautivos.

1 SAMUEL 30:6-8

David estaba muy angustiado, porque el pueblo hablaba de apedrearlo. Todo el pueblo estaba con ánimo amargado, cada uno por causa de sus hijos y de sus hijas. Pero David se fortaleció en el SEÑOR su Dios. Entonces David dijo al sacerdote Abiatar hijo de Ajimelec:

—Tráeme, por favor, el efod.

Abiatar trajo el efod a David, y David consultó al SEÑOR diciendo:

—*¿He de perseguir a esa banda? ¿La podré alcanzar?*

Y el SEÑOR le respondió:

—*Persíguela, porque de cierto la alcanzarás y librarás a los cautivos.*

Cuando David recibió la instrucción del Señor, respondió espiritualmente y puso a un lado su dolor. Aunque usted reciba noticias de que nada va bien y que las cosas están peor, no deje que la noticia le dicte su respuesta. No deje que las situaciones influyan su reacción. ¡Usted es el que mueve la situación! No deje que la montaña lo influya y lo mueva. Influya usted en la montaña y ¡muévala!

Si David no hubiera recurrido al Señor, hubiera perdido a su familia. Sin embargo, él se conectó con el poder de Dios y se convirtió en una herramienta que el Señor pudo usar para rescatar a su familia.

La intervención de David atrajo el poder de Dios a la situación y la cambió. David accedió a una fuerza sobrenatural para rescatar y restaurar a su familia y a las familias de todos sus soldados. ¡David lo recuperó todo!

Usted puede usar su fe y cambiar la situación. Puede poner resistencia a la destrucción que se libra en la vida de sus seres queridos con la Palabra de Dios y a través de su pacto con Dios. Puede aplicar la vida de Dios a sus situaciones y la sangre de Jesús sobre sus caminos. Cuando usted usa estas herramientas espirituales, le da a Dios la oportunidad de involucrarse en sus vidas.

Cuando tomamos autoridad en el nombre de Jesús le damos a Dios la libertad de operar en esa situación. Si no lo hace usted, ¿quién lo hará? Eso es lo que debe recordar. ¿Quién más en la familia está escuchando instrucciones del Señor? ¡Usted!

LOS PRIMEROS RESPONDEDORES SE MANTIENEN CALMADOS

Si usted llama al 911 con una emergencia, el operador del 911 lo ayudará a mantener la calma y la concentración. Le va a hacer preguntas para evaluar la situación y determinar qué hacer primero. Luego, le dará instrucciones sobre cómo administrarle ayuda a la víctima.

Cuando usted ora, usted está "en el teléfono" con Dios. Él quiere que mantenga la calma y evalúe la situación desde una perspectiva espiritual. Confíe en el Señor porque la ayuda está en camino. ¡La intervención está por llegar! Mientras espera la ambulancia, permanezca al teléfono y reciba Sus instrucciones porque se necesita administrar un tratamiento espiritual que salve la vida.

El amor que usted siente por esta persona y la relación que tiene con ella le proporcionan un acceso espiritual. Usted tiene el derecho dado por Dios de establecer una intervención y tiene autoridad para orar por la transformación. ¡Pero debe mantenerse determinado hasta que suceda! Este es un tiempo para emplear la paciencia y mantenerse firme en el pacto que tiene con Dios.

Mi familia oró por mí mientras yo andaba por las calles de Nashville, Tennessee, prostituyendo mi cuerpo para obtener mi siguiente dosis. Muchas personas pensaron que sabían cómo terminaría mi vida, ¡pero el amor reescribió mi historia!

No va a terminar como la situación le dice que terminará. Tome la Palabra de Dios y vuelva a escribir esta historia. El amor de Dios va a alcanzar a su ser querido a través del vehículo de sus oraciones. ¡Manténgase en la línea porque la ayuda está en camino!

SU ORACIÓN DE INTERVENCIÓN

Dios Padre, estoy pidiendo Tu intervención en el nombre de Jesús. Vengo a Ti porque alguien a quien amo necesita Tu ayuda. *(Inserte el nombre de su ser querido)* ha estado esclavizado por algo que destruye su vida. Sólo Tú tienes el poder de liberarlo de esta destrucción. Vengo ante Tu trono para establecer una intervención divina en su vida.

Padre celestial, Tú estás plenamente consciente de todo en esta situación. Ya sabes incluso las cosas que se hacen en secreto. Conoces las lágrimas que han derramado. Conoces las mentiras que el enemigo ha usado para engañarlos. Padre, Tú sabes lo que se necesitará para alcanzarlos con Tu Palabra y liberarlos del control del enemigo. Confío en Tu ayuda.

Me instruyes en Tu Palabra a que pida, así que estoy pidiendo una intervención. Invoco el nombre de mi Salvador, Jesucristo, por liberación en esta situación para detener la destrucción y liberar a *(inserte el nombre de su ser querido)* de toda esclavitud. Tomo mi lugar en Cristo para administrar la oración que salva su vida y ejerzo autoridad sobre el adversario en su vida.

Espíritu Santo, abro mi corazón para que me guíes y quiero ser un instrumento en Tus manos para administrar un tratamiento que salve su vida. Quiero tomar la acción espiritual para hacer cumplir mi pacto y ver Tu salvación manifestada en la vida de *(inserte el nombre de su ser querido)*.

No entraré en pánico, sino que voy a confiar en Ti. Te pido que cubras a *(inserte el nombre de su ser querido)* con Tu misericordia y protección.

Protégelo contra los peligros del estilo de vida que está viviendo. Te pido que tus ángeles se encarguen de protegerle de toda tragedia.

Declaro vida a *(inserte el nombre de su ser querido)* y ordeno que los pensamientos de muerte, suicidio y de lesionarse a sí mismo se detengan. ¡Toda fortaleza de muerte, queda rota en el nombre de Jesús! Permite que la paz de Dios rodee su corazón y su mente. Que haya esperanza donde el enemigo ha tratado de sembrar la desesperación. Ordeno una pérdida de cosecha en las semillas de muerte que el diablo ha sembrado.

Padre, Tu Palabra declara que, si creo en el Señor Jesucristo, seré salvo, yo y mi familia también. ¡Me aferro a esa promesa! Reclamo la salvación de *(inserte el nombre de su ser querido)*. Creo que veré la bondad de Dios en la vida de *(inserte el nombre de su ser querido)*.

EDIFIQUE SU FE

SALMOS 5:11

Se alegrarán todos los que confían en ti; para siempre gritarán de júbilo, pues tú los proteges. Los que aman tu nombre se regocijarán en ti,

SALMOS 9:10

En ti confiarán los que conocen tu nombre pues tú, oh SEÑOR, no abandonaste a los que te buscaron.

SALMOS 40:16

Gócense y alégrense en ti todos los que te buscan. Digan siempre los que aman tu salvación: "¡El SEÑOR sea engrandecido!".

SALMOS 46:1 (AMPC)

Dios es nuestro Refugio y Fortaleza [poderoso e impenetrable a la tentación], ayuda muy presente y comprobada en las dificultades.

DÍA 2

ORGANICE EL
RESCATE DE DIOS

El mensajero apareció en el horizonte, luchando por recuperar el aliento, desesperado por entregar su mensaje. ¡El sobrino de Abram, Lot y su familia fueron tomados cautivos! La batalla había sido feroz, pero el enemigo prevaleció. El enemigo se había llevado a Lot, a su familia y a toda la gente de la ciudad.

GÉNESIS 14:8-14

Entonces salieron el rey de Sodoma, el rey de Gomorra, el rey de Adma, el rey de Zeboím y el rey de Bela, la cual es Zoar, y dispusieron la batalla contra ellos en el valle de Sidim; a saber, contra Quedarlaomer rey de Elam, Tidal rey de Goím, Amrafel rey de Sinar y Arioc rey de Elasar: cuatro reyes contra cinco. El valle de Sidim estaba lleno de pozos de brea. Y al huir los reyes de Sodoma y de Gomorra, cayeron en ellos, mientras que los demás huyeron a las montañas. Los enemigos tomaron todos los bienes de Sodoma y de Gomorra, y todos sus alimentos, y se fueron.

También llevaron consigo a Lot, el hijo del hermano de Abram, junto con sus posesiones (porque Lot habitaba en Sodoma), y se fueron. Pero uno de los que escaparon fue y lo contó a Abram el hebreo, que habitaba en el encinar de Mamre el amorreo, hermano de Escol y hermano de Aner, quienes eran aliados de

Abram. Cuando Abram oyó que su sobrino había sido tomado cautivo, reclutó a sus trescientos dieciocho criados nacidos en su casa, y los persiguió hasta Dan.

¿Qué haría Abram? ¿Qué *podía* hacer? ¡Las fuerzas enemigas habían derrotado a cinco ejércitos de soldados entrenados! ¿Cómo podría Abram rescatar a Lot y a su familia? Tal vez usted se haya hecho una pregunta similar. *¿Qué puedo hacer? ¿Cómo puedo ayudarlos?*

Lot no tenía la habilidad para liberarse. Estaba indefenso en esta batalla, sin armas, sin poder y sin autoridad. Ese es el caso de algunos de nuestros seres queridos. Los vemos esclavizados por la adicción o atrapados en un estilo de vida destructivo, y pensamos que pueden dejar de hacerlo o cambiar cuando estén preparados, sin darnos cuenta del control sobrenatural que el enemigo tiene sobre sus vidas. Ellos no tienen el poder para liberarse de la esclavitud espiritual que viene con esa adicción o engaño.

Además, Lot mismo se puso en esta posición peligrosa al elegir vivir en Sodoma. De igual manera, su ser querido puede haber elegido andar con malas compañías, comenzar a beber, inyectarse droga o comenzar a fumar una pipa de crack. Tal vez se ha sometido a alcohol o drogas tan a menudo que han tomado una posición de dominio. Cuando era una adicta, la adicción no sucedió de la noche a la mañana, pero cada vez que me entregaba a la droga, esta me controlaba más y más. Eventualmente, la adicción tomó el señorío de mi vida. Llegó el momento en que estaba dirigiendo el rumbo de mi vida.

Culpar a su ser querido no ayudará. Si, ellos han provocado el desastre, ellos lo decidieron así. Usted tiene que tomar su pacto con Dios y hacer la llamada al 911. Abraham no dijo: "Lot está recibiendo lo que se merece. Así lo quiso, ahora que se atenga a las consecuencias". ¡No! Abram no culpó a Lot.

Abram no titubeó ni le dio la espalda a la situación porque parecía imposible, ni cuestionó la voluntad de Dios de salvar a su sobrino. Al contrario, Abram sabía que tenía que ayudarlo y confiaba en que Dios estaba de su lado. Reunió a los 318 hombres que trabajaban en sus campos y se fue a liberar a Lot y a los demás cautivos.

De la misma manera, debe tener confianza en la voluntad de Dios para salvar. Independientemente de las malas decisiones que sus seres queridos hayan tomado para causar su desesperación, Dios le ayudará a alcanzarlos. A pesar de las leyes que han violado, las cosas que han hecho para lastimarse a sí mismos o cualquier adicción que puedan tener, Dios está lleno de misericordia y compasión. Él envió a Jesús a buscar y salvar a los perdidos. ¡Él nos ayudará a alcanzarlos!

Sin una intervención del poder de Dios, su ser querido puede ser consumido en el cautiverio. Pero, gloria a Dios, usted está en el proceso de intervención.

GÉNESIS 14:15-17

Los atacó de noche, él con sus siervos, los derrotó y los persiguió hasta Hoba, que está al norte de Damasco. Así recobró todos los bienes y también recobró a su sobrino Lot, sus bienes, y también a las mujeres y a la gente.

Cuando Abram volvía de derrotar a Quedarlaomer y a los reyes que estaban con él, el rey de Sodoma salió a su encuentro en el valle de Savé, que es el valle del Rey.

Con 318 hombres, Abram logró lo que los ejércitos de cinco reinos no pudieron hacer. No fue la habilidad de sus siervos en la batalla que ganó la victoria pues eran rancheros, no soldados. ¿Qué hizo la diferencia?

Abram estaba en pacto con Dios y le proporcionó a Dios una puerta abierta para que el Señor rescatara a Lot y a todos aquellos que fueron tomados cautivos por el enemigo.

Lot podría haberse perdido para siempre si Abram no hubiera intervenido. Pero Dios estaba con Abram, y ¡Dios está con usted!

SU ORACIÓN DE INTERVENCIÓN

Dios, me acerco a Tu santo trono en el nombre de mi Señor Jesucristo. Estoy agradecido por el convenio que has hecho para mi familia y para mí. Dijiste que estarías conmigo en medio de las dificultades (Salmo 91:15 NTV). Me mantengo firme en esa promesa y te doy alabanza.

El Salmo 86:7 (PDT) declara: «*Yo acudo a ti cuando estoy en problemas, porque sé que me responderás*». Camino en la plenitud de esa provisión, Señor. Clamo en el nombre de Jesús por el rescate sobrenatural de *(inserte el nombre de su ser querido)*. Por mi fe en Tu pacto, recibo la completa libertad de *(inserte el nombre de su ser querido)*.

Como representante de Jesucristo, le hablo a las fuerzas enemigas que mantienen a *(inserte el nombre de su ser querido)* en cautiverio y les ordeno que dejen de controlarle por completo. Que toda mentira que ha segado su mente de la verdad del Evangelio de Jesucristo salga a la luz. ¡Engaño, sé expuesto! ¡La incredulidad está quebrantada!

Aplico la sangre de Jesús para cubrir a *(inserte el nombre de su ser querido)*. Ninguna arma formada en su contra podrá prosperar. Ningún

mal le sobrevendrá. Nada le hará daño en absoluto. La sangre de Jesús le protege contra todos los intentos de Satanás para destruirle. Trazo la línea de sangre alrededor de su vida como una línea de propiedad. ¡La muerte y el daño no se permiten en esta vida! Es guardado(a) por el poder de Dios.

Por fe, aplico la misericordia de Dios a la situación de *(inserte el nombre de su ser querido)*. Padre, incluso en situaciones causadas por sus propias acciones y rebelión, te pido que prevalezca la misericordia. Que conozcan Tu amor de una manera muy real.

Ahora, levanto mis manos al cielo y me regocijo. La victoria es nuestra. *(Inserte el nombre de su ser querido)* le pertenece al reino de Jesucristo.

EDIFIQUE SU FE

ISAÍAS 49:25

*Pues así ha dicho el SEÑOR: "Ciertamente el cautivo le será quitado al valiente guerrero, y el botín será librado del tirano. Yo contenderé con los que contienden contra ti, y **yo salvaré a tus hijos**".*

1 JUAN 5:14-15

Y esta es la confianza que tenemos delante de él: que si pedimos algo conforme a su voluntad, él nos oye. Y si sabemos que él nos

oye en cualquier cosa que pidamos, sabemos que tenemos las peticiones que le hayamos hecho.

DEUTERONOMIO 7:9

Reconoce, pues, que el SEÑOR tu Dios es Dios: Dios fiel que guarda el pacto y la misericordia para con los que lo aman y guardan sus mandamientos, hasta mil generaciones.

SALMOS 22:4

Nuestros padres esperaron en ti: Esperaron, y tú los libraste.

PONGA LA INTERVENCIÓN EN MARCHA

Muchas personas creen que la oración es poderosa independientemente de cómo se ora. Dicen: "Siempre que yo ore...". Pero si usted arranca el auto y presiona el pedal del acelerador, no ha comenzado a conducir. Hasta que ponga la transmisión en marcha, usted no verá ningún progreso, y hasta que usted ponga la intervención en la marcha de fe, no verá ningún cambio.

Si cuando usted ora, expresa lo que ve, piensa o siente, es como si estuviera orando con la transmisión en neutral. Algunas personas oran en neutral porque sus emociones niegan su fe. Cierran los ojos y levantan la voz para orar, pero conectan sus bocas con sus sentimientos y ensayan la tristeza, la ansiedad o el miedo que sienten por lo que están observando en la vida de sus seres queridos. Usted puede agotar sus fuerzas, haciendo girar sus ruedas espirituales sin que nada cambie.

Y si cuando usted ora, habla del problema, está orando en reversa. El peligro es que se siente bien liberar sus sentimientos. Se siente mejor un rato porque ha desahogado su carga emocional. Pero esa sensación es momentánea. Se ha engañado al pensar que ha logrado algo efectivo y espiritual.

Las oraciones emocionales hablan de lo que está sucediendo y cómo nos hace sentir. Nos cansan y nos entristecen. Las oraciones espirituales

hablan de lo que la Palabra de Dios dice y están llenas de acción de gracias hacia Dios. Oraciones espirituales tienen un sonido de victoria y autoridad y nos hacen fuertes.

Uno de mis ejemplos favoritos de una intervención de Dios se encuentra en la vida de la mujer de Sunem, que oró por su hijo. Primero, vemos que ella había preparado un lugar de honor para Eliseo porque él era un hombre de Dios.

2 REYES 4:9-10

Entonces ella dijo a su marido:

—He aquí, yo sé que este hombre que siempre pasa por nuestra casa es un santo hombre de Dios. Hagamos un pequeño cuarto en la azotea, y pongamos allí una cama, una mesa, una silla y una lámpara para él, a fin de que cuando venga a nosotros, pueda quedarse allí.

Esto representa rendirle honor a Dios y a Su Palabra. Así debemos preparar un lugar para la Palabra en nuestras vidas, un lugar de honor. Si aun no lo ha hecho, hágalo ahora. Tome la decisión de honrar la Palabra de Dios en ese problema. Invierta tiempo diariamente en la Palabra y honre Sus estatutos.

El honor que la mujer sunamita le rindió a Dios dio lugar a que la paz sobrenatural de Dios fluyera hacia el área del deseo de su corazón. Esta paz restaura de manera sobrenatural los lugares rotos y vacíos. La paz produce una vida donde nada falta ni nada está quebrantado. Ella nunca había tenido hijos, pero la paz de Dios le proporcionó su mayor deseo.

2 REYES 4:18-23

Cuando el niño creció, sucedió cierto día que fue a donde estaban su padre y los segadores. Y dijo a su padre:

—¡Mi cabeza, mi cabeza!

Y el padre dijo a su criado:

—Llévalo a su madre.

Lo tomó y lo llevó a su madre. El niño estuvo recostado sobre las rodillas de ella hasta el mediodía; luego murió. Entonces ella subió, lo acostó sobre la cama del hombre de Dios, cerró la puerta y salió. Después llamó a su marido y le dijo:

—Te ruego que me mandes uno de los criados y una de las asnas, para que yo corra hacia el hombre de dios y regrese.

Él preguntó:

—¿Para qué vas a verlo hoy? No es luna nueva ni sábado.

Y ella respondió:

—Paz.

¡Qué respuesta! Ella respondió: «*Paz*». En el idioma original, es la palabra *shalom*, que significa "totalidad, integridad, nada falta y nada está quebrantado". La mujer sunamita buscó la ayuda de Dios con fe en que Él restauraría a su hijo. Su persistencia proporcionó una vía a través de la cual el poder de Dios podría restaurar la vida de su hijo.

Lo más importante es que la mujer de Sunem habló según el pacto y no según sus emociones. Cuando su esposo le preguntó por qué iba a ver al profeta, la mujer dijo: «*Paz*». Ella no estaba respondiendo a la luz de cómo se sentía. Era una mujer centrada en una intervención. ¡Ella respondió en FE!

En hebreo, la definición de la palabra *shalom* incluye el concepto de totalidad. En otras palabras, ella estaba declarando: "Tengo la paz que viene de estar completa. No me falta nada ni hay nada quebrantado en mi vida". Esa fue la respuesta que ella declaró cada vez que se le preguntó cómo estaba.

2 REYES 4:24-26

Después hizo aparejar el asna y dijo a su criado:

—Toma la rienda y anda. No te detengas por mí en el viaje, a menos que yo te lo diga.

Ella se marchó y llegó a donde estaba el hombre de Dios, en el monte Carmelo. Y sucedió que cuando el hombre de Dios la vio de lejos, dijo a su criado Guejazi:

—He allí la sunamita. Ahora, por favor, corre a su encuentro y pregúntale: "¿Te va bien? ¿Le va bien a tu marido? ¿Le va bien a tu hijo?".

Y ella respondió:

—Bien.

La condición actual de su hijo no era el enfoque de lo que estaba haciendo. Su declaración no se basó en lo que podía ver o sentir. El hombre de Dios reconoció que ella estaba pasando por algo grave y dijo: «*Déjala, porque su alma está en amargura. El SEÑOR me ha encubierto el motivo, y no me lo ha revelado*» (2 Reyes 4:27). Sus emociones eran reales, pero no dejó que controlaran la forma en que reaccionó ante el problema.

2 REYES 4:32-37

Cuando Eliseo llegó a la casa, he aquí que el niño estaba muerto, tendido sobre su cama. Entonces entró, cerró la puerta detrás de ellos dos, y oró al SEÑOR. Después subió y se echó sobre el niño, su boca sobre su boca, sus ojos sobre sus ojos, y sus manos sobre sus manos. Así se tendió sobre él, y el cuerpo del niño entró en calor. Luego se volvió y se paseaba por la casa de un lado a otro. Después subió y se tendió sobre el niño, y el niño estornudó siete veces. Luego el niño abrió sus ojos. Entonces Eliseo llamó a Guejazi y le dijo:

—Llama a esta sunamita.

Él la llamó, y cuando ella entró, Eliseo le dijo:

—Toma a tu hijo.

Cuando ella entró, se echó a los pies de él, y se postró en tierra. Después tomó a su hijo y salió.

La mujer sunamita entabló su pacto con Dios y puso su intervención en la marcha de fe. Su hijo recibió una restauración completa porque buscó a Dios con la confianza de que Él la ayudaría. Ella se convirtió en un instrumento en la mano de Dios, ¡y nosotros podemos hacer lo mismo!

Usted puede acercarse a Dios en nombre de sus seres queridos al igual que esta mujer de Sunem. ¡Puede conectar la vida, la misericordia y el amor de Dios con su situación desesperada y cambiarla! Puede desatar su fe para que Dios restaure y ver Su poder obrar a su favor. Ella usó su pacto con Dios para hacer una conexión entre su hijo y la ayuda de Dios, ¡y usted también lo hará!

SU ORACIÓN DE INTERVENCIÓN

Dios Padre, me acerco a Ti en el nombre de mi Señor Jesucristo. Te pido que me perdones por cualquier oración que haya hecho que no estaba de acuerdo con Tu Palabra. Creo que me escuchas cuando oro y quieres contestar mis oraciones. Te pido que me enseñes a orar Tu Palabra. Señor, muéstrame cosas de Tu verdad para usar cuando oré por *(inserte el nombre de su ser querido)*.

Me paro firme en Tu Palabra y declaro: "Grande será la paz, la condición de que nada falta, y nada está quebrantado en *(inserte el nombre de su ser querido)*" (Isaías 54:13). *(Inserte el nombre de su ser querido)* no me será quitado. Él/ella no se separará de mí en esta vida o en la vida venidera. Desato mi fe por su salvación. De acuerdo con Mateo 13:15 (AMPC), oro para que *(inserte el nombre de su ser querido)* vea y perciba con sus ojos, escuche y comprenda con sus oídos, que capte y entienda con su corazón para que pueda regresar, y Tú lo salvarás.

Me niego a hablar de cómo la situación me hace sentir. Mas bien, vengo a Ti regocijándome porque Tu Palabra es Verdad. Dijiste que cuando te lo pido, lo recibiré. Dijiste que cuando busque, encontraré. Dijiste que cuando llame, se me abrirá. Señor, te pido que hables con *(inserte el nombre de su ser querido)* hoy. Señor, te estoy buscando para que le muestres misericordia a *(inserte el nombre de su ser querido)* hoy. Señor, estoy llamando a la puerta de la oportunidad para que *(inserte el nombre de su ser querido)* vea la luz del evangelio.

Padre celestial, en Jeremías 23:29 (AMPC), dijiste que Tu Palabra es como un martillo que rompe en pedazos la roca de la resistencia más obstinada. Tomo el martillo de Tu Palabra y golpeo los dispositivos que el enemigo ha colocado en la mente de *(inserte el nombre de su ser querido).* Que sea trasladado del dominio de las tinieblas al reino de Tu amado Hijo, en el nombre de Jesús.

Elijo regocijarme ahora, incluso antes de ver algún cambio en esta situación. Yo gobierno mis emociones exaltando Tu verdad por encima de mis hechos. Elijo alabar Tu nombre y elevar mi voz. ¡Tú eres mi luz y mi salvación! ¡Eres la fuerza de mi vida! ¿De quién temeré? (Salmo 27:1).

EDIFIQUE SU FE

ISAÍAS 54:13 (AMPC)

Y todos sus hijos [espirituales] serán discípulos [enseñados por el Señor y obedientes a Su voluntad], y grande será la paz y la serenidad imperturbable de sus hijos.

ISAÍAS 54:17 (NTV)

Pero en aquel día venidero, ningún arma que te ataque triunfará. Silenciarás cuanta voz se levante para acusarte. Estos beneficios los disfrutan los siervos del Señor; yo seré quien los reivindique. ¡Yo, el Señor, he hablado!

COLOSENSES 1:13 (AMPC)

[El Padre] nos ha librado y tomado para Sí fuera del control y dominio de las tinieblas y nos ha trasladado al reino del Hijo de Su amor,

JEREMÍAS 23:29 (AMPC)

¿No es mi palabra como fuego [que consume todo lo que no puede soportar la prueba]? dice el Señor, y como martillo que quebranta la roca [de la más tenaz resistencia]?

DÍA 4

TOME A DIOS EN SU PALABRA

lgunas de las muestras de fe más notables fueron peticiones de intervención. Quizás esté relacionado con la gravedad de la situación o la motivación del amor por esa persona, pero vemos ejemplos impresionantes de fe cuando las personas le piden a Jesús que ayude a sus seres queridos. El centurión, por ejemplo, se acercó a Jesús pidiéndole sanidad para alguien que vivía en su casa.

MATEO 8:5-13

Cuando Jesús entró en Capernaúm, vino a él un centurión y le rogó diciendo:

—Señor, mi criado está postrado en casa, paralítico, y sufre terribles dolores.

Y le dijo:

—Yo iré y lo sanaré.

Respondió el centurión y dijo:

—Señor, yo no soy digno de que entres bajo mi techo. Solamente di la palabra y mi criado será sanado. Porque yo también soy un hombre bajo autoridad y tengo soldados bajo mi mando. Si digo a este: "Ve", él va; si digo al otro: "Ven", él viene; y si digo a mi siervo: "Haz esto", él lo hace.

Cuando Jesús oyó esto, se maravilló y dijo a los que lo seguían:

—De cierto les digo que no he hallado tanta fe en ninguno en Israel. Y les digo que muchos vendrán del oriente y del occidente y se sentarán con Abraham, Isaac y Jacob en el reino de los cielos, pero los hijos del reino serán echados a las tinieblas de afuera. Allí habrá llanto y crujir de dientes.

Entonces Jesús le dijo al centurión:

—Ve, y como creíste te sea hecho.

Y su criado fue sanado en aquella hora.

Él dijo: "Ni siquiera tienes que venir a mi casa. Habla sólo la palabra, y mi siervo será sanado". Jesús se maravilló y le dijo a los que lo siguieron: "De cierto, no he encontrado una fe tan grande ni siquiera en Israel".

La fe del centurión provocó una respuesta de Jesús. El Señor dijo que era la fe más grande que había encontrado en la tierra. ¿Por qué era tan especial la fe de este centurión romano? Veamos algunos de los elementos vitales de la gran fe del centurión que también nos ayudarán.

Un elemento esencial de su fe es que el centurión tomó las palabras de Jesús como la autoridad final para sanar a su siervo. Lo comparó con su propia experiencia como líder en el ejército romano. Explicó que su autoridad para liderar y dirigir a sus soldados era activada por sus palabras.

Simplemente, él les decía a sus soldados qué hacer, y lo hacían. El centurión aplicó este mismo entendimiento a la autoridad de Jesús para sanar a su siervo. Reconoció que cuando Jesús envió Su palabra, aquello obedeció Sus mandamientos. De la misma manera, conectamos a nuestros seres queridos con el poder salvador de Jesucristo cuando le tomamos la Palabra.

MATEO 8:13

Entonces Jesús le dijo al centurión:

*—Ve, y **como creíste te sea hecho**.*

Y su criado fue sanado en aquella hora.

Observe la frase "como creíste". Jesús a menudo indicó que la fe de la persona estaba involucrada en lo que recibían y cómo lo recibían. Por ejemplo, en el caso de sanar a los dos ciegos que vinieron a Él, Jesús dijo: «Conforme a la fe de ustedes...».

MATEO 9:27-30

Mientras Jesús pasaba de allí, lo siguieron dos ciegos clamando a gritos y diciendo:

—¡Ten misericordia de nosotros, hijo de David!

Cuando él llegó a la casa, los ciegos vinieron a él. Y Jesús les dijo:

*—¿**Creen que puedo** hacer esto?*

Ellos dijeron:

—Sí, Señor.

Entonces les tocó los ojos diciendo:

*—**Conforme a la fe** de ustedes les sea hecho.*

Y los ojos de ellos fueron abiertos. Entonces Jesús les encargó rigurosamente diciendo:

—Miren que nadie lo sepa.

En otro caso, encontramos a la mujer de Canaán que le pidió a Jesús que ayudara a su hija que estaba siendo atormentada por un demonio. Aquí está la respuesta de Jesús:

MATEO 15:28

Entonces respondió Jesús y le dijo:

—¡Oh mujer, grande es tu fe! **Sea hecho contigo como quieres.**

Y su hija fue sana desde aquella hora.

Así mismo fue en el caso de la mujer con el flujo de sangre, ¡Jesús le dijo que su fe la sanó!

MARCOS 5:34

Él le dijo:

—Hija, **tu fe te ha salvado.** *Vete en paz y queda sanada de tu azote.*

Entonces, Jesús dijo: "Conforme a la fe de ustedes", "Sea hecho contigo como quieres", y "Tu fe te ha salvado". Esas declaraciones revelan mucho sobre cuánto nuestra fe afecta el resultado de una situación. Nuestra fe desempeña un papel importante en lo que Dios puede hacer en nuestras vidas y en las vidas de aquellos que amamos. Es por eso que Efesios 3:20 nos dice: «*Y a aquel que es poderoso para hacer todas las cosas mucho más abundantemente de lo que pedimos o pensamos, según el poder que actúa en nosotros*». El poder de Dios no nos está limitando. Es nuestra fe, o falta de ella, lo que determina hasta qué punto Dios puede obrar en nuestra situación.

Entonces, ¿cómo sabemos lo que creía el centurión? Si le preguntara: "¿Qué cree?", abriría la boca y me diría. Jesús dijo de la abundancia del corazón habla la boca (Mateo 12:34). Al estudiar las palabras del centurión, tenemos evidencia de cómo creía. El centurión dijo: «*Solamente di la palabra y mi criado será sanado*».

44

Al examinar lo que Jairo dijo cuando le pidió a Jesús que sanara a su hija, descubriremos lo que él creía.

MARCOS 5:22-24

Y vino uno de los principales de la sinagoga, llamado Jairo. Cuando lo vio, se postró a sus pies y le imploró mucho diciendo:

—Mi hijita está agonizando. ¡Ven! Pon las manos sobre ella para que sea salva y viva.

Jesús fue con él. Y lo seguía una gran multitud, y lo apretujaban.

La declaración de Jairo es lo que él creía. Jairo dijo: «*Pon las manos sobre ella para que sea salva y viva*». Jesús aceptó acompañar a Jairo a su casa y sanar a su hija. En el camino, la mujer con un problema de sangre fue sanada. Jesús se detuvo entre la multitud, y mientras estaba allí, la gente de la casa de Jairo vino con malas noticias.

MARCOS 5:35-36

Mientras él aún hablaba, vinieron de la casa del principal de la sinagoga diciendo:

—Tu hija ha muerto. ¿Para qué molestas más al Maestro?

Pero Jesús, sin hacer caso a esta palabra que se decía, dijo al principal de la sinagoga:

—No temas; solo cree.

Cuando la situación parecía peor, Jesús le advirtió a Jairo: «*Solo cree*». En otras palabras: "Tu fe ya está en movimiento. No detengas la marcha de tu fe sino permite que continúe en movimiento hacia su destino final".

En ambos ejemplos, estos hombres liberaron su fe a través de sus palabras, y las palabras llenas de fe funcionaron como cables eléctricos para conducir el poder de Dios en la vida de sus seres queridos. A medida que usted construye su fe creyendo que es la voluntad de Dios rescatar a su ser querido, está tendiendo los cables eléctricos para transmitir el poder de Dios. A medida que continúa orando las oraciones de intervención, resistiendo la influencia del enemigo y liberando la luz y la sabiduría de Dios, ¡usted está haciendo una conexión que salva vidas!

SU ORACIÓN DE INTERVENCIÓN

Padre celestial, Tú has dicho que todas las cosas que pido en oración, creyendo, las recibiré (Marcos 11:24). Por lo tanto, Te tomo la Palabra. ¡Creo, y hablo! Según Salmos 84:11, Tú eres mi sol y escudo. Me das gracia y gloria. Gracias por Tu disposición y Tu poder para ayudarme. No hay nada bueno que me niegues. Porque confío en Ti, tengo el poder de prosperar en esta batalla por la vida de *(inserte el nombre de su ser querido)*. Tengo la victoria que vence al mundo.

Padre, Isaías 61:1 prevalece en la vida de *(inserte el nombre de su ser querido)*. El Espíritu del Señor ungió a Jesús para proclamar libertad a los cautivos y la apertura de la cárcel a los presos. Segunda de Corintios 3:17 (AMPC) declara: «*Ahora el Señor es el Espíritu, y donde está el Espíritu del Señor, hay libertad (emancipación de la esclavitud, libertad)*». Oro para que *(inserte el nombre de su ser querido)* camine en libertad y busque Tus preceptos. A medida que se revela Tu verdad a *(inserte el nombre de su ser querido),* se manifiesta lo que dice Juan 8:32. Ellos conocerán la verdad, y la verdad los hará libres.

En el nombre de Jesús, me concentro en Tu fidelidad. Sara recibió fortaleza para concebir a Isaac porque te consideraba fiel (Hebreos 11:11). Elijo hacer lo mismo y desarrollar mi confianza en Ti. Considero que eres más confiable que la evidencia en esta situación.

Padre, Tu verdad es más poderosa que cualquier mentira que el enemigo pueda implantar en el pensamiento de *(inserte el nombre de su ser querido).* Te pido que Tu verdad sea exaltada en su entendimiento.

Te pido, de acuerdo con Isaías 44:3-4 que derrames Tu agua, Espíritu y bendición sobre *(inserte el nombre de su ser querido).* Brotarán como entre la hierba, como sauces junto a los cursos de agua.

Tú diste a conocer Tus caminos a Moisés y Tus actos a los hijos de Israel (Salmo 103:7). Te pido, en el nombre de Jesús, que des a conocer Tus caminos y actos a *(inserte el nombre de su ser querido).*

EDIFIQUE SU FE

MATEO 17:20

Jesús les dijo:

—Por causa de la poca fe de ustedes. Porque de cierto les digo que si tienen fe como un grano de mostaza, dirían a este monte: "Pásate de aquí, allá"; y se pasará. Nada les será imposible.

MATEO 21:21-22

Jesús respondió y les dijo:

—De cierto les digo que si tienen fe y no dudan, no solo harán esto de la higuera, sino que si dicen a este monte: "Quítate y arrójate al mar", así será. Todo lo que pidan en oración, creyendo, lo recibirán.

SALMOS 37:40

El SEÑOR los ayudará y los librará; los librará de los impíos y los salvará porque en él se han refugiado.

SALMOS 84:11-12

Porque sol y escudo es el SEÑOR Dios; gracia y gloria dará el SEÑOR. No privará del bien a los que andan en integridad. Oh SEÑOR de los Ejércitos, ¡bienaventurado el hombre que confía en ti!

DÍA 5

DIOS, ¿ME AYUDARÁS?

2 PEDRO 3:9 (AMPC)

El Señor no demora y no es tardío o lento en cumplir Su promesa, como algunos piensan que tarda, sino que es [extraordinariamente paciente] con ustedes, no queriendo que ninguno perezca, sino que todos procedan al arrepentimiento.

Rosa se arrodilló ante el altar, tratando de contener su emoción. Sus labios intentaron formar las palabras de una oración, pero la desesperación de su situación inundó su corazón. Su mente se aceleró mientras repetía las palabras que habían provocado tal torbellino y confusión. "Mamá. Estoy en el aeropuerto de Columbia. Me han arrestado por tráfico de drogas. ¡Ayúdame!".

El temor le hizo nudos en el estómago mientras pensaba que su hija estaba en una prisión colombiana. Rosa apenas tenía el dinero suficiente para pagar los gastos del mes y poner alimentos en la mesa para el nieto de cinco años que estaba criando. No tenía dinero para un abogado ni forma alguna de ayudar a su hija.

Oleadas de ira interrumpían el miedo tumultuoso. En un momento, Rosa lloraba por la situación de su hija, y en el otro, la furia sustituía el temor. *«¿Cómo pudo hacernos esto? Estaba tratando de ayudarla a*

estabilizarse. Estoy criando a su hijo y dándole un lugar donde vivir. ¿Cuándo cambiará?».

La agitación era más de lo que Rosa podía soportar. Se sintió aliviada cuando el pastor abrió el altar, pero ahora, mientras se encontraba tratando de pedirle ayuda a Dios, su mente pisó el freno. Las mismas preguntas que la enfurecían se oponían a su oración. «*¿Cómo puedo pedirle a Dios que la ayude? ¡Se hizo esto a sí misma! ¡Ella mintió de nuevo! ¿Cuántas veces dijo que iba a cambiar, pero volvió a su costumbre de mentir y de intriga? Dios probablemente no quiere más nada con ella*».

Entonces, comenzó a rogarle a Dios, pero sus súplicas débiles sonaban vacías. Con lágrimas y desesperación, agonizaba en el altar. Cuando finalmente secó sus lágrimas, estaba agotada. Física y emocionalmente agotada, Rosa se puso de pie. Su cabeza colgaba avergonzada mientras caminaba por el pasillo de la iglesia. Se sentía fracasada como madre. Ni siquiera podía convencer a Dios para que ayudara a su hija.

Tristemente, muchas personas que aman a Dios con todo su corazón experimentan esta misma desesperación. Pero es porque carecen del conocimiento de Dios, quién es Él y cómo responde en tiempos de necesidad.

OSEAS 4:6

Mi pueblo es destruido porque carece de conocimiento....

Usted tiene que estar seguro del amor y la voluntad de Dios para salvar de manera que pueda orar eficazmente. Dios quiere que su ser querido acepte a Jesús como Señor y camine libre del poder de Satanás porque, así como usted lo ama profundamente, Dios lo ama aún más. La Biblia declara: «*Porque de tal manera amó Dios al mundo, que ha dado a su Hijo unigénito, para que todo aquel que en él cree, no se pierda, más tenga vida*

eterna. Porque Dios no envió a su Hijo al mundo para condenar al mundo, sino para que el mundo sea salvo por él» (Juan 3:16-17).

ELLA LO ADORÓ, DICIENDO: «¡SEÑOR, AYÚDAME!»

La mujer cananea no tenía derecho de pacto para acercarse a Jesús, pero confiaba en que Él la ayudaría; y solicitó una intervención a favor de su hija.

MATEO 15:22-28 (NTV)

Una mujer de los gentiles, que vivía allí, se le acercó y le rogó: «¡Ten misericordia de mí, oh Señor, Hijo de David! Pues mi hija está poseída por un demonio que la atormenta terriblemente».

Pero Jesús no le contestó ni una palabra. Entonces sus discípulos le pidieron que la despidiera. «Dile que se vaya—dijeron—. Nos está molestando con sus súplicas».

Entonces Jesús le dijo a la mujer:

—Fui enviado para ayudar solamente a las ovejas perdidas de Dios, el pueblo de Israel.

Ella se acercó y lo adoró, *y le rogó una vez más:*

—¡Señor, ayúdame!

Jesús le respondió:

—No está bien tomar la comida de los hijos y arrojársela a los perros.

—Es verdad, Señor—respondió la mujer—, pero hasta a los perros se les permite comer las sobras que caen bajo la mesa de sus amos.

—Apreciada mujer—le dijo Jesús—, tu fe es grande. Se te concede lo que pides.

Y al instante la hija se sanó.

Ella hizo una conexión con la intervención disponible a través de Jesucristo. La mujer cananea fue en contra de todas las predicciones para luchar en fe por la vida de su hija. Ella se opuso a la circunstancia y activó el poder de Dios con su fe, trayendo la intervención de Dios a su situación. ¡La confianza de usted en el amor de Dios lo motivará a permanecer así!

PARA BUSCAR Y SALVAR

¡Jesús vino a salvar a los pecadores! Jesús declaró de sí mismo: «*Porque el Hijo del Hombre ha venido a buscar y a salvar lo que se había perdido*» (Lucas 19:10). Primera de Timoteo 1:15 dice: «*Fiel es esta palabra y digna de toda aceptación: que Cristo Jesús vino al mundo para salvar a los pecadores...*».

Jesús tiene fama de salvar a personas imposibles de ayudar. Cuando Jesús se encontró con el hombre poseído por una legión de demonios, Jesús intervino.

MARCOS 5:2-8

Apenas salido él de la barca, de repente le salió al encuentro, de entre los sepulcros, un hombre con espíritu inmundo. Este tenía

su morada entre los sepulcros. Y nadie podía atarlo ni siquiera con cadenas, ya que muchas veces había sido atado con grillos y cadenas pero él había hecho pedazos las cadenas y desmenuzado los grillos. Y nadie lo podía dominar. Continuamente, de día y de noche, andaba entre los sepulcros y por las montañas gritando e hiriéndose con piedras.

Cuando vio a Jesús desde lejos, corrió y le adoró. Y clamando a gran voz dijo:

—¿Qué tienes conmigo, Jesús, Hijo del Dios Altísimo? Te conjuro por Dios que no me atormentes.

Pues Jesús le decía:

—Sal de este hombre, espíritu inmundo.

A pesar de que la familia y los amigos del hombre no pudieron ayudarlo, Jesús hizo todo lo posible por liberar a este hombre. ¿Cuánto más obrará Jesús a nuestro favor si nos mantenemos firmes en Su Palabra y lo adoramos por Su fidelidad?

UNA PECADORA DE MALA FAMA PERDONADA

Otro ejemplo es la mujer pecadora que lavó los pies de Jesús con sus lágrimas y los secó con su cabello.

LUCAS 7:37-39, 47, 48

Y he aquí, cuando supo que Jesús estaba a la mesa en casa del fariseo, una mujer que era pecadora en la ciudad llevó un frasco

de alabastro con perfume. Y estando detrás de Jesús, a sus pies, llorando, comenzó a mojar los pies de él con sus lágrimas y los secaba con los cabellos de su cabeza. Y le besaba los pies y los ungía con el perfume. Al ver esto, el fariseo que lo había invitado a comer se dijo a sí mismo:

—Si este fuera profeta conocería quién y qué clase de mujer es la que le está tocando, porque es una pecadora.

...Por lo cual te digo que sus muchos pecados son perdonados puesto que amó mucho. Pero al que se le perdona poco, poco ama.

Y a ella le dijo:

—Tus pecados te son perdonados.

Ponga su confianza en la buena voluntad de nuestro Padre Celestial y nuestro Salvador Jesucristo para ayudarle. Dios está a favor de la salvación. Jesús vino a buscar y rescatar a los perdidos. Cuando conocemos la posición de Dios, nos impedirá pedir o suplicar a Dios que haga algo que Él ya desea hacer. Oremos desde esa posición.

SU ORACIÓN DE INTERVENCIÓN

Padre celestial, vengo a Ti en el nombre de Jesús con la confianza de que deseas salvar a *(inserte el nombre de su ser querido)* y liberarle de toda destrucción. Tu Palabra revela que eres paciente, y Te agradezco por esa paciencia con *(inserte el nombre de su ser querido)*. Dios, gracias por amar

a *(inserte el nombre de su ser querido)* tanto que diste a Tu Hijo unigénito para que todo aquel que cree en Él no se pierda.

Tu enviaste a Jesús a buscar y salvar a *(inserte el nombre de su ser querido)*. De acuerdo con Isaías 55:7, Tu voluntad es que *(inserte el nombre de su ser querido)* se aleje de las cosas que están destruyendo su vida y que vuelva a Ti. Rompo la raíz de la rebelión que el enemigo ha plantado en su corazón. Según Proverbios 21:1, el corazón del rey está en Tus manos, y Tú le inclinas hacia ti. Te pido que vuelvas el corazón de mi ser querido hacia Ti.

Hebreos 10 me dice que Jesús vino a esta tierra para abrir el camino nuevo y vivo para que *(inserte el nombre de su ser querido)* fuera salvo(a) del pecado. Padre, me regocijo de que ames a *(inserte el nombre de su ser querido)* más que yo. Yo elijo orar centrándome en Tu bondad y Tu deseo de trabajar en la vida de *(inserte el nombre de su ser querido)*.

Te pido que me reveles cuán profundamente te preocupas por *(inserte el nombre de su ser querido)*. Dijiste que los planes que tienes para su futuro son buenos planes con un final y una expectativa. Quiero orar desde Tu perspectiva. Quiero que mis oraciones estén de acuerdo contigo para que puedas obrar fácilmente con las peticiones que hago y las peticiones que presento.

Celebro Tu amor por mí. Gracias por permitirme tener a *(inserte el nombre de su ser querido)* en mi vida. No temeré que me lo/la quiten por ninguna fuerza de destrucción. De acuerdo con Primera de Corintios 13, creo que el amor nunca falla. Deja que Tu amor fluya a través de mí para fortalecerme y mantenerme firme en fe por *(inserte el nombre de su ser querido)*.

EDIFIQUE SU FE

2 PEDRO 3:9 (NTV)

En realidad, no es que el Señor sea lento para cumplir su promesa, como algunos piensan. Al contrario, es paciente por amor a ustedes. **No quiere que nadie sea destruido;** *quiere que todos se arrepientan.*

HECHOS 16:30-32 (NBLA)

Y después de sacarlos, dijo: «Señores, ¿qué debo hacer para ser salvo?». Ellos respondieron: **«Cree en el Señor Jesús, y serás salvo, tú y toda tu casa».**

Y le hablaron la palabra del Señor a él y a todos los que estaban en su casa.

HECHOS 13:38-39 (NTV)

Hermanos, ¡escuchen! Estamos aquí para proclamar que, por medio de este hombre Jesús, ustedes tienen **el perdón de sus pecados.** *Todo el que cree en él es hecho justo a los ojos de Dios, algo que la ley de Moisés nunca pudo hacer.*

JEREMÍAS 29:11

Porque yo sé los planes que tengo acerca de ustedes, dice el SEÑOR, planes de bienestar y no de mal, para darles porvenir y esperanza.

LA BASE DE SU RECLAMO

Para evitar orar el problema, usted necesita establecer el fundamento para acercarse a Dios. En lugar de enfocarse en los problemas que ve en sus familiares, su corazón debe estar lleno de respuestas que hay en la Palabra de Dios acerca de la salvación de sus seres queridos.

Si su corazón está lleno de preocupación y desesperación, eso es lo que va a salir en la oración. Orar el problema no es la forma en que Jesús nos dijo que oráramos. En Marcos 11:24, Él dijo: «... *todo por lo cual oran y piden, crean que lo han recibido y les será hecho*». El Señor ya sabe lo que usted necesita antes de que le pida. La forma de acercarse a Dios es venir a Él sobre el fundamento de Su Palabra.

Si alguna vez ha presentado un reclamo con una compañía de seguros, sabe que cualquier reclamo debe tener una base, un acuerdo de que el seguro cubrirá cualquier daño o reemplazará la parte rota. Si algo sucede, entonces puede reportar un reclamo a la compañía de seguros.

Si intenta presentar un reclamo por algo que no está asegurado, no estará cubierto. Puede pensar que está cubierto para ciertas cosas solo para descubrir que no lo está. La documentación demostrará que no hay base para esa afirmación.

Usted debe consultar la Palabra de Dios para encontrar lo que Él ya ha dicho que haría para ayudar a los miembros de su familia. Cuando descubre lo que Él puso en el pacto, no tiene que convencer a Dios de que

haga algo. Al contrario, se encuentra obrando con la voluntad de Dios, establecida para intervenir en su situación.

Un *reclamo es* "una demanda de algo que le pertenece por derecho o le ha sido prometido por contrato legal". La base de su reclamo es la voluntad de Dios. Y usted está pidiendo de acuerdo con Su voluntad.

2 PEDRO 3:9

El Señor no tarda su promesa, como algunos la tienen por tardanza; más bien, es paciente para con ustedes porque no quiere que nadie se pierda sino que todos procedan al arrepentimiento.

La palabra *promesa* en la Biblia se refiere a "una provisión en el pacto, un término del contrato". Es algo que ya está disponible. Cuando encuentra las promesas de Dios, descubre lo que Él ya hizo suyo en el pacto. Entonces, usted tiene el derecho legal de usar su fe y recibirlo dicha provisión.

¡La voluntad de Dios es que todas las personas vengan al arrepentimiento! Dios quiere que cada persona sea salva. Por lo tanto, pedirle "Señor, por favor sálvalos", pone a Dios en desventaja. Él ya ha declarado Su voluntad, Él quiere que reciban la salvación, más de lo que nosotros queremos. No hay que torcer Su brazo o convencerlo.

Dios ya ha proporcionado todo lo que ellos necesitan para ser salvos. La sangre de Jesús está disponible para limpiar el pecado, y el precio ha sido pagado para liberarlos de la sentencia del pecado. El Señor está esperando que su ser querido se vuelva a Él y tenga acceso a todo lo que Él ha dispuesto para que reciba salvación.

Por lo tanto, ¿cómo puede establecer una intervención como hizo la mujer sunamita? Acercándose a Dios basado en el pacto que tiene con

usted. Su pacto con usted. Use el lenguaje del pacto y trate con la situación basada en lo que es legalmente suyo en el reino espiritual diciendo: "Señor, te doy gracias porque proporcionaste todo lo que se necesita para que mi ser querido sea salvo. Jesús murió en la cruz por ellos y derramó Su sangre para liberarlos. Oro para que esa salvación sea clara para ellos, que vean el precio que Jesús pagó, y acepten a Jesús como su Señor".

Hay una manera legal para que usted se acerque a Dios. Puede pedirle a Dios en los términos de la salvación que Él ha provisto.

ENCUENTRE LA PROMESA

Yo recibí salvación a los 23 años después de ocho años de adicción a las drogas, prostitución y crimen. Entré en mi caminar con Dios sin saber nada acerca de la Biblia, la iglesia o Dios. La oración era algo nuevo para mí. Cuando aprendí a orar por primera vez, oraba por mis necesidades. ¡Lo necesitaba todo! Poco a poco, comencé a ganar confianza mientras hablaba con Dios, pidiéndole que me ayudara con las diversas situaciones de mi vida. Pero después de hacer mis peticiones, me quedaba en silencio. ¿Y ahora qué?

La evolución en la oración y mi relación con Dios avanzó desde que lleve mi Biblia a mi tiempo de oración. ¡Fue asombroso! El Espíritu Santo me llevó a ciertos versículos de la Biblia que alimentaron mi conversación con Dios. Aprendí a nutrirme de esas Escrituras mañana tras mañana. Mientras lo hacía, mis oraciones cambiaron. Hubo una liberación de poder en mis oraciones.

A medida que crecí en el Señor, me di cuenta de mi responsabilidad de orar por otras personas en mi vida. Aprendí a orar por los líderes de

mi nación como lo instruye la Biblia en Primera de Timoteo 2:1-2. Las personas de mi iglesia y mi familia inmediata también aparecieron en mi radar, y busqué en las Escrituras versículos para alimentar mis súplicas.

La oración no es como apostar o un juego de azar. La oración es una parte vital de nuestra relación con nuestro Padre Celestial. Cuando oramos por otras personas, nos estamos asociando con Dios y creyendo para que se cumpla Su voluntad. Nuestra confianza en la oración se origina en la promesa que encontramos en Su Palabra.

1 JUAN 5:14-15 (AMPC)

Y esta es la confianza (la seguridad, el privilegio de la audacia) que tenemos en Él: [estamos seguros] de que si pedimos algo (hacemos cualquier petición) conforme a Su voluntad (de acuerdo con Su propio plan), Él escucha y nos oye.

Y si (ya que) sabemos [positivamente] que Él nos escucha en todo lo que le pedimos, también sabemos [con conocimiento establecido y absoluto] que tenemos [concedido como nuestras posesiones presentes] las peticiones que le hemos hecho.

Ya sea que esté orando por su hijo, cónyuge, madre o hermano, Dios lo guiará a una promesa específica. Entonces, debe meditar en la promesa. La confianza crece porque sabemos que estamos pidiendo de acuerdo con el deseo de Dios para sus vidas.

JOSUÉ 1:8

Nunca se aparte de tu boca este libro de la Ley; más bien, medita en él de día y de noche, para que guardes y cumplas todo lo que está escrito en él. Así tendrás éxito y todo te saldrá bien.

La palabra *meditar* significa "imaginar, meditar o murmurar". Meditamos en la Palabra de Dios hablándola a nosotros mismos. Esto mantiene nuestra mente ocupada con la Palabra. Luego, comenzamos a ver la imagen de la promesa grabada en lo más íntimo de nuestro ser.

¿Usted puede visualizar a sus seres queridos con sus manos levantadas al Señor, invocando el nombre de Jesús? ¿Se imagina sus rostros brillando con la gloria de Dios mientras cantan alabanzas a Dios? ¿Puede imaginarlos predicando, sirviendo como saludadores o ujieres en la iglesia, o cantando en el coro? Si no, no se desespere. Simplemente vuelva a la Palabra y aliméntese un poco más. ¡Ponga la Palabra delante de sus ojos!

SALMO 1:2-3 (AMPC)

Pero su deleite y deseo están en la ley del Señor, y en Su ley (los preceptos, las instrucciones, las enseñanzas de Dios) habitualmente medita (reflexiona y estudia) de día y de noche. Y será como un árbol firmemente plantado [y cuidado] junto a corrientes de agua, listo para dar su fruto en su tiempo; su hoja tampoco se marchitará ni se marchitará; y todo lo que haga prosperará [y llegará a madurez].

La Palabra de Dios es la voluntad de Dios. Por lo tanto, podemos estar seguros cuando tenemos Su Palabra sobre el tema. Tenemos confianza en que Él nos escucha cuando pedimos por la salvación de nuestros seres queridos, y Él responde con Su ayuda. ¡Dios quiere que nos acerquemos a Él con este tipo de confianza!

SU ORACIÓN DE INTERCESIÓN

Padre, en el nombre de Jesús, te doy gracias porque me escuchas. Mientras oro por *(inserte el nombre de su ser querido),* Tú estás escuchando mi oración y moviéndote para responder esas oraciones. Señor, Tu Palabra dice que Tu oído está abierto a mi clamor. Cuando busque Tu rostro, Tú escucharás desde el Cielo y responderás mi oración. Tengo confianza en Ti.

Padre, es Tu voluntad que *(inserte el nombre de su ser querido)* camine en la luz de Tu Palabra. Oro para que vea Tu luz. Te pido que hagas brillar la verdad más que la oscuridad que lo rodea. Rompo la autoridad de Satanás y oro contra cualquier mentira de brujería, ocultismo, astrología y artes oscuras. Que esas mentiras sean expuestas y que se rompan las maldiciones satánicas. Oro para que la sangre de Jesús libere a *(inserte el nombre de su ser querido)* de las ataduras que entraron por medio de películas, juegos o libros satánicos.

En Mateo 13:15 dice que si *(inserte el nombre de su ser querido)* podía ver y oír, entonces él/ella podría entender y convertirse. Oro para que *(inserte el nombre de su ser querido)* vea Tu amor, Tu verdad y el plan perfecto para su vida. Padre, no temeré perder a *(inserte el nombre de su ser querido).* No temeré que *(inserte el nombre de su ser querido)* muera en su pecado. No temeré porque tengo confianza en Ti. Tengo confianza en Tu Palabra.

Me regocijo porque sé que *(inserte el nombre de su ser querido)* está siendo salvo(a). Me regocijo porque *(inserte el nombre de su ser querido)*

está viendo la verdad acerca del por qué Jesús murió en la cruz. ¡Te alabo porque *(inserte el nombre de su ser querido)* está recibiendo el regalo gratuito de la salvación!

EDIFIQUE SU FE

SALMOS 91:15

Él me invocará, y yo le responderé; con él estaré en la angustia. Lo libraré y lo glorificaré.

2 CRÓNICAS 7:14

si se humilla mi pueblo sobre el cual es invocado mi nombre, si oran y buscan mi rostro y se vuelven de sus malos caminos, entonces yo oiré desde los cielos, perdonaré sus pecados y sanaré su tierra.

MATEO 13:15

Porque el corazón de este pueblo se ha vuelto insensible, y con los oídos han oído torpemente. Han cerrado sus ojos para que no vean con los ojos ni oigan con los oídos ni entiendan con el corazón ni se conviertan. Y yo los sanaré.

1 JUAN 5:14 (AMPC)

Y esta es la confianza (la seguridad, el privilegio de la audacia) que tenemos en Él: [estamos seguros] de que si pedimos algo (hacemos cualquier petición) conforme a Su voluntad (de acuerdo con Su propio plan), Él oye a nosotros.

CÓMO OBRAR *CON* LA VOLUNTAD DE DIOS

Muchos oran como si estuvieran tratando de convencer a Dios para que salve a sus seres queridos, y por eso se sienten frustrados. Están tratando de convencer a Dios, ¡pero el Señor ya está convencido! Si le ruego a mi esposo que se case conmigo, él está en desventaja. Por mucho que me ame y haga cualquier cosa por mí, no puede hacer nada para estar *más* casado conmigo de lo que ya está. Incluso si nos paramos frente a un predicador y volvemos a hablar de nuestros votos matrimoniales, no nos hará más casados de lo que ya estamos. Este tipo de oración carece de la fe necesaria para abrir la situación a la intervención de Dios.

LUCAS 19:10

Porque el Hijo del Hombre ha venido a buscar y a salvar lo que se había perdido.

Dios ya está el cien por ciento dispuesto a salvar a nuestros seres queridos. Cuando oramos con fe en la voluntad de Dios de salvar, oramos con valentía y expectativa. Antes de orar, establezcamos la voluntad de Dios firmemente en nuestros corazones.

HECHOS 10:38 (NTV)

Y saben que Dios ungió a Jesús de Nazaret con el Espíritu Santo y con poder. Después Jesús anduvo haciendo el bien y sanando a todos los que eran oprimidos por el diablo, porque Dios estaba con él.

Es la voluntad de Dios, y ya está disponible en Jesucristo. Dios está buscando un compañero de pacto en su familia que se parará en la brecha y lo defenderá contra el ataque del enemigo. Él está buscando a alguien que diga: "Señor, yo seré a quien puedas llamar. Estoy a tus órdenes. ¿Necesitas que ore por la tía Nancy? Me voy a enfocar en la tía Nancy en oración".

Entonces, Dios puede venir y decirle: "¿Por qué no me pides que haga más por la tía Nancy? ¿Por qué no me pides que abra los ojos de su entendimiento?".

Entonces, usted empieza a pedir: "Señor, oro para que puedas abrir los ojos de su entendimiento". Usted puede pensar: «*Bueno, Dios puede hacer lo que quiera. De modo que ¿por qué necesito pedirle eso?*». Pero no es así como Dios ha elegido operar en la tierra. Dios es soberano en el sentido de que Él es todopoderoso, pero Dios delegó la autoridad en la tierra a la humanidad. El Señor nos dio el derecho de elegir, y Él no violará nuestra voluntad. Dios es justo.

SANTIAGO 5:16-18

Por tanto, confiésense unos a otros sus pecados, y oren unos por otros de manera que sean sanados. La ferviente oración del justo, obrando eficazmente, puede mucho. Elías era un hombre sujeto a pasiones igual que nosotros, pero oró con insistencia para que no lloviera, y no llovió sobre la tierra durante tres

años y seis meses. Y oró de nuevo, y el cielo dio lluvia y la tierra produjo su fruto.

Elías oró para que lloviera porque Dios le dijo que llovería (1 Reyes 18:1). El representante del pacto de Dios en la tierra llegó a un acuerdo con la voluntad de Dios y oró de acuerdo con ella. Elías le dio a Dios acceso legal a la tierra para hacerlo.

Si Dios pudiera haber orquestado Su voluntad sin las oraciones de Elías, ¿por qué el Espíritu Santo usó este ejemplo para ilustrar el efecto de nuestras oraciones?

Nuestras oraciones sirven de mucho. La Biblia Amplificada, Edición Clásica, dice: «*La oración ferviente (sincera, continua) de un hombre justo hace que un tremendo poder esté disponible [dinámico en su funcionamiento]*».

La traducción literal de Young dice: «*muy fuerte es la súplica en acción de un hombre justo*».

La Nueva Traducción de Moffatt dice: «*la oración de los justos tiene un efecto poderoso*».

El poder de Dios está disponible, y lo activamos como Sus representantes. Expresamos la oración eficaz y ferviente. Somos instrumentos que Dios puede usar. Él puede moverse a través de la situación y hacer que Su poder esté disponible.

SOCIOS EN ORACIÓN

El papel que asume en la oración de intervención es uno de asociación. Al orar de acuerdo con lo que Dios quiere para sus seres queridos, usted une fuerzas con Dios para ver cómo se desarrolla Su plan perfecto. Si obtenemos nuestra instrucción de oración de Aquel que sabe exactamente lo que resolverá el problema, es solo cuestión de tiempo hasta que vea resultados.

ZACARÍAS 10:1

¡Pidan al SEÑOR la lluvia de la estación tardía! El SEÑOR produce relámpagos y hace llover. Él da pan al hombre y hierba en el campo.

En la oración, usted activa la voluntad de Dios en la vida de sus seres queridos, al usar su autoridad y fe para darle a Dios acceso legal para intervenir. Vemos esto descrito cuando Dios le habló a Elías para decirle a Acab que no llovería. Él tenía el conocimiento de lo que Dios quería en la situación. Sin embargo, Elías oró fervientemente para que no lloviera.

SANTIAGO 5:17-18 (NTV)

Elías era tan humano como cualquiera de nosotros; sin embargo, cuando oró con fervor para que no cayera lluvia, ¡no llovió durante tres años y medio! Más tarde, cuando volvió a orar, el cielo envió lluvia, y la tierra comenzó a dar cosechas.

Elías oró de acuerdo con la voluntad de Dios, lo cual autorizó a Dios a moverse en la situación. Dios trabajó *con* y *a través de* Elías para llevar a cabo Su voluntad en esa circunstancia. Del mismo modo, Dios describe claramente Su voluntad para los miembros de su familia en Su Palabra.

Usted participa con Dios a través de la oración, para que Su voluntad se cumpla. Usted pide de acuerdo con la voluntad de Dios, y Él responde de acuerdo con sus oraciones de fe.

Recordemos esto: la mano de Dios no se mueve solo por una necesidad. Él no responde de acuerdo con la abundancia de nuestras lágrimas o la gravedad de la situación. Tenemos acceso a la gracia de Dios por medio de nuestra fe. Romanos 4:16 dice: «*Por esto, proviene de la fe a fin de que sea según la gracia, para que la promesa sea firme para toda su descendencia...*». ¡La fe es la parte que nos corresponde!

El Señor obra en armonía con Su Palabra que está obrando en nosotros. *Dios «... es poderoso para hacer todas las cosas mucho más abundantemente de lo que pedimos o pensamos, según el poder que actúa en nosotros»* (Efesios 3:20).

Debe permanecer en fe con sus peticiones de oración establecidas en la Palabra de Dios. Si está orando con fe, no está desesperado, asustado, preocupado o afligido. Se niega a permitir que las circunstancias gobiernen cómo piensa, siente o habla. Ore con alegría, paz y agradecimiento y pase el día diciendo: "Gracias, Jesús, por la salvación de *(inserte el nombre de su ser querido)*". ¡Oremos!

SU ORACIÓN DE INTERCESIÓN

¡Padre, eres bueno! En el nombre de Jesús, te alabo por Tu misericordia y bondad. Es Tu voluntad salvar a *(inserte el nombre de su ser querido)*. Oro de acuerdo con Tu voluntad y declaro que la luz del evangelio brilla intensamente en *(inserte el nombre de su ser querido)*.

Yo hago cumplir la victoria de Cristo sobre todo plan del enemigo. y declaro que ninguna arma formada en su contra prosperará. Declaro que el camino por donde mi ser querido anda está lleno con la luz de Dios. Envía obreros en su camino para que le hablen palabras de verdad que disipen la oscuridad y le vuelvan hacia el plan que tienes para él/ella. Aléjale de influencias equivocadas y líbrale del mal.

Rompo la fortaleza de la vergüenza en *(inserte el nombre de su ser querido)*. Desenredo la red de engaños que la vergüenza ha utilizado para atarlo. Señor, que sepa cuán fiel eres para perdonarnos. Si confesamos nuestros pecados, Tú eres fiel y justo para perdonar nuestros pecados y limpiarnos de toda maldad (1 Juan 1:9). Tendrás compasión de *(inserte el nombre de su ser querido),* someterás sus iniquidades y arrojarás todos sus pecados a la profundidad del mar (Miqueas 7:19).

Abstengo mi voz de llorar y mis ojos de lágrimas porque creo que *(inserte el nombre de su ser querido)* vendrá de nuevo de la tierra del enemigo. Gracias porque hay esperanza en el futuro de *(inserte el nombre de su ser querido)* y *(inserte el nombre de su ser querido)* regresará (Jeremías 31:16, 17). Creo que será como el hijo pródigo que volvió en sí mismo y regresó a la casa de su padre.

Padre, Te pido que atraigas a *(inserte el nombre de su ser querido)* al arrepentimiento y manifiestes Tu misericordia y amor de maneras sobrenaturales. De acuerdo con Joel 2:11-13, deja que él/ella se vuelva a Ti con todo su corazón y regrese a Tus caminos porque Tú eres lento para la ira y grande en misericordia. ¡Gracias por Tu misericordia!

EDIFIQUE SU FE

HEBREOS 4:16

Acerquémonos, pues, con confianza al trono de la gracia para que alcancemos misericordia y hallemos gracia para el oportuno socorro.

SANTIAGO 5:15-16 (NBLA)

La oración de fe restaurará al enfermo, y el Señor lo levantará. Si ha cometido pecados le serán perdonados. Por tanto, confiésense sus pecados unos a otros, y oren unos por otros para que sean sanados. La oración eficaz del justo puede lograr mucho.

EFESIOS 1:17-20 (NTV)

Y le pido a Dios, el glorioso Padre de nuestro Señor Jesucristo, que les dé sabiduría espiritual y percepción, para que crezcan en el conocimiento de Dios. Pido que les inunde de luz el corazón,

para que puedan entender la esperanza segura que él ha dado a los que llamó—es decir, su pueblo santo—, quienes son su rica y gloriosa herencia.

También pido en oración que entiendan la increíble grandeza del poder de Dios para nosotros, los que creemos en él. Es el mismo gran poder que levantó a Cristo de los muertos y lo sentó en el lugar de honor, a la derecha de Dios, en los lugares celestiales.

UNA HISTORIA DE
INTERVENCIÓN

ÉL TODAVÍA ESTÁ ESCUCHANDO

Juanita vio al Señor obrar una intervención sobrenatural en la vida de su hijo. Fue una posición de fe en la cual encontró a Dios fiel para colaborar con ella en oración. Muchas veces, el Señor le indicó cómo orar, específicamente en situaciones en las que no tenía ni idea de lo que estaba sucediendo en su vida.

Juanita dice: «Hice todo lo posible por criar a mis hijos en la verdad, confiando en Dios en que todos mis hijos caminarían con Él. No tenía idea de que uno se iría por un camino tan triste. Mi hijo eligió vivir una vida de drogas, alcohol y homosexualidad».

Aunque su hijo crecía en la iglesia y estaba involucrado en el grupo de jóvenes y en el ministerio de música, su vida tomó una dirección diferente después de la escuela secundaria. Se mudó a otro estado, por lo que Juanita no estaba al tanto de las decisiones peligrosas que su hijo estaba tomando hasta que recibió una llamada telefónica desesperada.

Juanita explica: «Recibí una llamada telefónica muy tarde. Mi hijo fue honesto conmigo y me contó cómo estaba viviendo. Como madre, me dolía el corazón mientras repetía las cosas que me dijo, pero como creyente, quería ayudarlo a encontrar la ayuda y la libertad de Dios. Quería darle Escrituras que lo ayudaran y decirle: "Arrepintámonos y arreglémonos con Dios". Sin embargo, le pregunté:

—¿Quieres vivir de esta manera?

Él respondió:

—No.

Juanita dice: «Tomé esa palabra "no" y la guardé en mi corazón. Mi hijo estaba en esclavitud, y como su madre, quería arreglarlo. Esto era nuevo para mí. Cuando mi hijo llamó, quise ministrarle, pero el Señor me dijo que simplemente le diera amor. Le dije:

—¡Señor, yo lo amo!

Dios explicó, diciendo:

—Ámalo *a pesar de eso.*

Juanita dice: «¡Pensé que sabía qué hacer hasta que me di cuenta de que no sabía qué hacer! Estaba tratando de orar por él sin saber realmente *cómo* orar sobre su situación. Mi corazón como madre se estaba interponiendo en el camino».

PROVERBIOS 3:5-6 (AMPC)

Apóyate, confía y ten confianza en el Señor con todo tu corazón y mente y no confíes en tu propia perspicacia o entendimiento. En todos tus caminos conócelo y reconócelo, y Él dirigirá y enderezará tus senderos.

Juanita se dio cuenta de que, en lo natural, ella no sabía cómo orar por su hijo, ¡pero estaba segura de que el Señor sí sabía! Dios sabía lo que había en su corazón, las influencias que lo motivaban y la llave que abriría el corazón de su hijo.

Ella dijo: «Estaba tratando de confiar en mi propio entendimiento, pero no tenía idea de cómo orar por lo que mi hijo estaba enfrentando. Tuve que aprender a amarlo *a través de* todo lo que hacía. Él sabía distinguir entre el bien y el mal, pero no necesitaba que yo se lo señalara. Lo que necesitaba era ser amado con el amor de Dios. Finalmente me rendí y dejé que Dios me mostrara cómo amarlo. Cada vez que mi hijo llamaba, escuchaba con el amor de Dios, no como madre y sin usar Escrituras. Simplemente conversábamos. Pero después de colgar el teléfono, yo oraba por él».

Entonces, el Señor le ordenó a Juanita que hiciera algo específico. «Una idea surgió en mi espíritu. *Cuelga una foto de él en la pared.* Ya colgada la foto, me llegó una instrucción. "Señala con el dedo su foto y llámalo por lo que es y no por lo que está haciendo". Fue como una luz brillando en mi corazón. ¡Ya sabía qué hacer!».

ROMANOS 4:17

... llama a las cosas que no existen como si existieran.

Juanita dijo: «Apunté con mi dedo a la imagen en la pared y declaré: "Hijo, eres salvo y lleno del Espíritu Santo. ¡Estás en la iglesia, cumpliendo el plan de Dios para tu vida!". La posición de fe continuó, pero el Señor fue fiel para animarme en el camino. Una noche, durante una reunión de oración en mi iglesia, mi pastor escribió algo en un pedazo de papel y me lo entregó. En el papel estaba escrito, *Él todavía está escuchando.* ¡Mi corazón se fortaleció! En otra ocasión mientras estaba ministrando una noche durante un servicio, mi pastor me dijo que había un ángel ministrador con mi hijo. Una vez más, el Señor proveyó combustible para alimentar mi postura de fe».

El Señor continuó trabajando con Juanita en oración, dándole aliento cuando lo necesitaba. Ella explica: «Pasó un año, y un día cuando abrí mi Biblia, aquel pedazo de papel con las palabras *que Él todavía está escuchando* cayó sobre mi regazo. Lo miré y escuché en mi espíritu: "Pégalo en la parte posterior de su foto en la pared". Así lo hice, y lo agregué a mi lista de cómo lo estaba llamando. El cambio no ocurrió del día a la noche. Pasaba por donde tenía la foto, me detenía, señalaba con el dedo, y lo llamaba por lo que él era, no por lo que estaba haciendo».

Hubo días en que no parecía que las oraciones de Juanita fueran contestadas y, en ocasiones, la situación se volvía desalentadora. Pero luego,

ella se levantaba y decía: «¡Mi hijo lo vale! ¡Su libertad vale el esfuerzo que se necesita para permanecer en fe!». Juanita declaraba las promesas de Dios sobre él una y otra vez. Ella se negó a renunciar a él. ¡Aprendió a amarlo *durante* los próximos años mientras continuaba interviniendo por su vida!

Juanita dice: «Nunca olvidaré el día en que recibí una llamada telefónica diciendo:

—¡Mamá, quiero volver a casa!

Grité:

—¡SÍ! Ven a casa, hijo. ¡Nuestra puerta está abierta de par en par para ti!

«¡Llegó a casa, y lo abrazamos y lo amamos! Durante el tiempo que estuve en oración por él, seguí imaginándolo de pie con las manos en alto rindiéndose a Dios. ¡Déjeme decirle! ¡PUDE VERLO DE PIE CON LAS MANOS EN ALTO, RINDIÉNDOSE A DIOS!».

«Desde entonces, el Señor ha restaurado la vida de mi hijo. Él está trabajando en el ministerio, casado con una hermosa joven, y tiene dos hijos. ¡Hoy, mi hijo está cumpliendo el plan de Dios para su vida! Estoy agradecida por todas las enseñanzas de la Palabra de Dios que me han ayudado a aprender a mantenerme firme y orar con precisión. Estoy muy agradecida con el Espíritu Santo por ayudarme a orar específicamente. Cuando le parezca que no está viendo los cambios por los que está orando, ¡no se rinda! Manténgase firme con Dios en oración por sus seres queridos. Confíe en Dios y llámelos como Dios dice que son. ¡Así sucederá!».

DÍA 8

SU DERECHO A RESISTIR

¿Qué autoridad tenemos para influir en esta situación por medio de la oración? ¿Qué posición legal tiene usted en la batalla espiritual que está ocurriendo en la vida de su ser querido? Para responder a estas preguntas, usted debe entender el sistema de autoridad delegada de Dios.

En el principio, Dios delegó el dominio a la humanidad. Cuando Adán pecó, él entregó su dominio dado por Dios al control de Satanás. Pero Jesús vino como Hombre, nacido legalmente en la tierra, para recuperar el dominio que Adán había perdido. El Señor habló de Su entrada legal a través del nacimiento, comparándola con la entrada ilegal de Satanás.

JUAN 10:1-2

De cierto, de cierto les digo que el que no entra al redil de las ovejas por la puerta sino que sube por otra parte, ese es ladrón y asaltante. Pero el que entra por la puerta es el pastor de las ovejas.

Jesús, la Segunda Persona de la Deidad, vino en la forma y condición de hombre. Eso no significa que Él fingió ser un hombre. Jesús se convirtió legalmente en un ser humano para poder recuperar *legalmente* el dominio delegado a los hombres.

FILIPENSES 2:7 (AMPC)

Pero se despojó [de todos los privilegios y dignidad que le corresponde], para asumir la apariencia de un siervo (esclavo), en el sentido de que se hizo como los hombres y nació como ser humano.

La otra razón por la que Jesús se volvió carne y sangre es para experimentar la muerte por todos. Legalmente, Su sangre, sin pecado, inocente y santa habría de cumplir los requisitos para liberarnos de la demanda legal que la muerte (incluso la muerte espiritual) tenía sobre nosotros. Debido a que la paga del pecado es muerte, Jesús murió en nuestro lugar.

HEBREOS 2:9 (DHH)

Pero vemos que Jesús, a quien Dios hizo algo menor que los ángeles por un poco de tiempo, está coronado de gloria y honor, a causa de la muerte que sufrió. Dios, en su amor, quiso que experimentara la muerte para bien de todos.

La muerte de Jesús como un sacrificio voluntario mostró el amor que Dios tiene por nosotros. Jesús entendió que Dios quería que la relación con la humanidad fuera completamente restaurada. Vemos estas palabras que Jesús le habló al Padre Celestial:

HEBREOS 10:5-7

Por lo tanto, entrando en el mundo, él dice: Sacrificio y ofrenda no quisiste, pero me preparaste un cuerpo. Holocaustos y sacrificios por el pecado no te agradaron; entonces dije: "¡Heme aquí

para hacer, oh Dios, tu voluntad!" como en el rollo del libro está escrito de mí.

Jesús vino, sabiendo que el sacrificio que haría incluiría Su muerte y separación de Dios. Él estaba dispuesto a soportar el castigo que merecíamos para que pudiéramos regresar a nuestra relación prevista con Dios, incluyendo la restauración de nuestra autoridad para gobernar y reinar con Dios.

ROMANOS 5:17

Porque si por la ofensa de uno reinó la muerte por aquel uno, cuánto más reinarán en vida los que reciben la abundancia de su gracia y la dádiva de la justicia mediante aquel uno: Jesucristo.

NUESTRO DERECHO A GOBERNAR EN EL NOMBRE DE JESÚS

Entonces, cuando Jesús murió en la cruz, recuperó la autoridad que Adán había perdido. Debido a la obediencia de Jesús a ir a la cruz, Dios lo exaltó hasta lo sumo y le delegó un nombre de honor y autoridad. El nombre se refiere al título y la posición que Dios le ha dado a Jesús por encima de toda fuerza gobernante en la tierra.

FILIPENSES 2:9-11 (NBLA)

Por lo cual Dios también lo exaltó hasta lo sumo, y le confirió el nombre que es sobre todo nombre, para que al nombre de Jesús

se doble toda rodilla de los que están en el cielo, y en la tierra, y debajo de la tierra, y toda lengua confiese que Jesucristo es Señor, para gloria de Dios Padre.

Hoy, Jesús ocupa la posición más alta de autoridad en el universo. Él ejerce este dominio como un hombre glorificado: ¡todo Dios y todo hombre!

1 TIMOTEO 2:5 (NTV)

Pues, hay un Dios y un Mediador que puede reconciliar a la humanidad con Dios, y es el hombre Cristo Jesús.

Jesús se refirió a sí mismo como "el Hijo del Hombre" porque Él quería enfatizar su posición legal como ser humano. Jesús era completamente el Hijo de Dios. Sin embargo, debido a que Él vino en forma de ser humano, Jesús legalmente también era el Hijo del Hombre.

De la misma manera, somos seres humanos, pero a través de nuestra fe en Jesucristo, somos legalmente hijos de Dios. Nuestra relación restaurada con Dios incluye la autoridad en el nombre de Jesús. En Juan 14, 15 y 16, Jesús instruyó a sus discípulos (incluidos usted y yo) a pedir en su nombre, prometiendo que el Padre responderá como si Jesús mismo estuviera haciendo la petición.

Entonces, respondamos las preguntas: ¿Qué le da autoridad? y ¿Qué posición legal tiene? La fe que usted tiene en Cristo le proporciona Su autoridad y la posición legal que usted tiene es la de alguien enviado por Jesús para representar Su voluntad. ¡Usted puede usar esta autoridad para representar la voluntad de Dios en las vidas de sus seres queridos!

SU ORACIÓN DE INTERVENCIÓN

Tomo las armas de mi milicia (2 Corintios 10:4-5), que son poderosas por medio de Dios. Derribo las fortalezas de la adicción, el miedo y la vergüenza. Señor, cualquier proceso de pensamiento en *(inserte el nombre de su ser querido)* que esté sosteniendo su mente en este estilo de vida, lo derribo. Esa fortaleza ya no prevalecerá contra la verdad de Dios. Derribo toda imaginación que obra en la mente de *(inserte el nombre de su ser querido)*. Toda mentira del enemigo que se ha exaltado contra el conocimiento de Dios, la derribo.

Me aferro a Jeremías 24:7, que dice: *«Les daré un corazón para que me conozcan, pues yo soy el SEÑOR. Ellos serán mi pueblo, y yo seré su Dios, porque volverán a mí de todo corazón».* Oro por un corazón rendido en *(inserte el nombre de su ser querido)*. Te pido que elimines la dureza en su corazón y, de acuerdo con el Salmo 51:10 (NTV), crea en *(inserte el nombre de su ser querido)* un corazón limpio y renueva un espíritu fiel en él/ella.

Estoy agradecido(a) que *(inserte el nombre de su ser querido)* no será la presa o la victima del pagano (Ezequiel 34:28) no le devorarán las fieras de la tierra. *(Inserte el nombre de su ser querido)* vivirá en seguridad.

Te doy gracias por Tu Palabra. Que Tu Palabra sea una lámpara a los pies de *(inserte el nombre de su ser querido)* y una luz en su camino. Padre, Te doy gracias porque Tu Palabra no volverá vacía. (Isaías 55:11) Tu Palabra logrará lo que fue enviada a hacer. Envío Tu Palabra a *(inserte el nombre de su ser querido)* y te agradezco por su salvación.

¡Te alabo, Señor! Te alabo por la luz de Tu Palabra que está guiando a *(inserte el nombre de su ser querido)* a toda verdad. Te agradezco por los ángeles que están acampados alrededor de *(inserte el nombre de su ser querido)* para protegerle. Me regocijo y me alegro porque Tu Espíritu Santo le está hablando a *(inserte el nombre de su ser querido)*, ¡y él/ella está escuchando!

EDIFIQUE SU FE

MARCOS 16:15-18

Y les dijo: "Vayan por todo el mundo y prediquen el evangelio a toda criatura. El que cree y es bautizado será salvo; pero el que no cree será condenado. Estas señales seguirán a los que creen: En mi nombre echarán fuera demonios, hablarán nuevas lenguas, tomarán serpientes en las manos, y si llegan a beber cosa venenosa no les dañará. Sobre los enfermos pondrán sus manos, y sanarán".

EZEQUIEL 34:28

Ya no serán más una presa para las naciones ni los devorarán las fieras de la tierra. Habitarán seguros y no habrá quien los espante.

ISAÍAS 21:6

Porque así me dice el Señor:
—Anda, pon un centinela que anuncie lo que vea.

SALMOS 147:11 (AMPC)

El Señor se complace en los que le temen con reverencia y adoración, en los que esperan en Su misericordia y bondad amorosa.

DÍA 9

EL PACTO LEGAL DE DIOS

Legalmente, Jesús tenía autoridad sobre el viento y las olas. Él tenía autoridad para operar en la tierra con el dominio que Dios originalmente destino a la humanidad. ¡En Cristo, nosotros también tenemos autoridad legal!

Dios no hará nada ilegalmente. Aunque Satanás entró ilegalmente en el Jardín del Edén y engañó a Eva, Dios no funciona así. Dios buscó a un hombre con quien pudiera establecer Su pacto legal. Abraham estuvo dispuesto a ser obediente y seguir las instrucciones que Dios le dio. La obediencia de Abraham fue orquestada a través de la fe. La fe consiste en tomarle la palabra a Dios y actuar de acuerdo con ella. Abraham obedeció cuando Dios le dijo que dejara su país y su familia. Abraham obedeció cuando el Señor le mandó que ofreciera a su hijo Isaac. Dios dijo: "Ahora, veo que me obedecerás". La obediencia era la parte del pacto de Abraham.

A través del pacto legal, porque Abraham había ofrecido a su hijo a Dios, el Señor ahora tenía acceso legal para dar a Su Hijo, Jesucristo. La redención fue legalmente establecida. Jesús cumplió con todos los requisitos legales para redimirnos. Después de Su muerte, sepultura y resurrección, Jesús dijo: «*Toda autoridad me ha sido dada en el cielo y en la tierra. Por tanto, vayan...*» (Mateo 28:18-19). Representamos legalmente a Jesús con autorización para hacer cumplir Su voluntad, la voluntad de Dios, en la tierra.

Jesús preparó a sus discípulos para un cambio fundamental cuando fue a la cruz. Jesús dijo: «*Y todo lo que pidan en mi nombre, eso haré para que el Padre sea glorificado en el Hijo*» (Juan 14:13). Él continuó en Juan 15:16, «*Ustedes no me eligieron a mí; más bien, yo los elegí a ustedes y les he puesto para que vayan y lleven fruto, y para que su fruto permanezca a fin de que todo lo que pidan al Padre en mi nombre él se lo dé*». ¡Guau! Jesús delegó Su nombre para representarlo. ¡Jesús respaldará lo que pedimos en Su nombre!

¡Espere! ¡Hay más!

JUAN 16:23-24

En aquel día no me preguntarán nada. De cierto, de cierto les digo que todo cuanto pidan al Padre en mi nombre, él se lo dará. Hasta ahora no han pedido nada en mi nombre. Pidan y recibirán, para que su gozo sea completo.

La plenitud de nuestro gozo está conectada con poder pedir en el nombre de Jesús. ¡Estamos autorizados e instruidos a PEDIR EN EL NOMBRE DE JESÚS! La Traducción Expandida de Wuest dice: «*Estén constantemente haciendo pedidos, y recibirán, para que su alegría, habiendo sido llena por completo, pueda persistir en ese estado de plenitud en el tiempo presente*».

Dios es un Dios que guarda el pacto. Nos acercamos a Él basándonos en nuestro pacto, usando el nombre de Jesús para orar por la voluntad de Dios con respecto a la salvación de los miembros de nuestra familia. ¡Al hacerlo, operamos en una autoridad legal a la cual Satanás no se puede oponer! El diablo no entenderá nuestras declaraciones de fe ni puede comprender lo que Dios está haciendo a través de nuestras oraciones porque estamos operando en un nivel superior.

Por lo tanto, no seremos trasladados a la arena emocional o mental. Vamos a representar a Jesús, declarar la Palabra de Dios e interactuar con Dios como delegados legales del pacto. Con una comprensión de la autoridad delegada de Dios, veamos cómo aplicarla en nuestra oración de intervención.

ES NECESARIO RESISTIR

¿Recuerdas la frase de Star Trek que decía: "La resistencia es inútil"? Hoy en día, muchos creyentes creen que "la resistencia es inútil" cuando se trata de orar por sus seres queridos. No se oponen al enemigo porque piensan que no servirá de nada. Pierden la esperanza y albergan ideas sobre el arresto, la sobredosis o el funeral de su ser querido. Sin ninguna resistencia, el enemigo corre a toda velocidad hacia la vida de su ser querido y causa estragos.

Los agentes de policía tienen autoridad delegada. Se entrenan para saber cómo responder cuando se enfrentan a un criminal. Practican la resistencia y aprenden estrategias específicas para usar en cada situación. Cuando responden a una llamada, el entrenamiento toma el control, redirigiendo sus emociones y pensamientos hacia la estrategia que practicaron.

Si Jesús es su Señor, usted también tiene autoridad delegada. Usted debe entrenarse para usar el dominio de Dios contra el criminal que intenta quitarle la vida a su ser querido. Aunque su resistencia es espiritual, puede practicar estrategias y conocer la respuesta adecuada a cada ataque enemigo. Debe resistir al diablo, o él no se irá. Usted puede ejercer

autoridad y trabajar *con* Dios para orar por las cosas que le otorgan acceso a la vida de su ser querido.

Consideremos la historia de un padre que trajo a su hijo a Jesús.

MARCOS 9:17-22

Le respondió uno de la multitud:

—Maestro, traje a ti mi hijo porque tiene un espíritu mudo, y dondequiera que se apodera de él, lo derriba. Echa espumarajos y cruje los dientes, y se va desgastando. Les dije a tus discípulos que lo echaran fuera pero no pudieron.

Y respondiendo les dijo:

—¡Oh generación incrédula! ¿Hasta cuándo estaré con ustedes? ¿Hasta cuándo los soportaré? ¡Tráiganmelo!

Se lo trajeron; y cuando el espíritu lo vio, de inmediato sacudió al muchacho, quien cayó en tierra y se revolcaba echando espumarajos. Jesús le preguntó a su padre:

—¿Cuánto tiempo hace que le sucede esto?

Él dijo:

—Desde niño. Muchas veces lo echa en el fuego o en el agua para matarlo; pero si puedes hacer algo, ¡ten misericordia de nosotros y ayúdanos!

El chico estaba bajo el control de una gran fuerza destructiva que trató de matarlo arrojándolo al agua o al fuego atroz. Sin la oración de intervención de su padre, el muchacho habría estado indefenso.

Tenga esto en cuenta cuando se canse de tomar su lugar en oración. Está proporcionando un salvavidas cuando ora por ellos. Está resistiendo

el plan del diablo para matarlos, para destruir su futuro. ¡Su resistencia está FUNCIONANDO!

Debemos confrontar al enemigo en el Nombre de Jesús. La fortaleza del diablo no puede ir en contra del poder de Dios desatado a través de nuestra fe. ¡Ninguna metanfetamina, oxycontin, alcohol, pornografía o lujuria pueden oponerse al poder de la promesa de Dios de salvar a nuestros seres queridos! Por lo tanto, Entonces, ¡no demos el brazo a torcer y resistamos!

SU ORACIÓN DE INTERVENCIÓN

En el nombre de Jesús, asumo mi posición contra el adversario. Me opongo a los planes del diablo de destruir a *(inserte el nombre de su ser querido)* y aplico la sangre de Jesucristo sobre él/ ella. Pido que la paz de Dios calme cualquier situación tumultuosa en su vida y declaro la bendición de Dios sobre *(inserte el nombre de su ser querido)*. Señor, bendice su mente con claridad y su corazón con esperanza.

Trato con el dolor de los rechazos pasados y el miedo al rechazo. En el nombre de Jesús, rompo la raíz del rechazo y la condenación y declaro libertad para *(inserte el nombre de su ser querido)*. Jesús fue despreciado y rechazado por los hombres para que *(inserte el nombre de su ser querido)* fuera redimido(a).

Le ordeno a Satanás que suelte su control sobre *(inserte el nombre de su ser querido)*. Oro contra cada relación que Satanás está usando para influir en mi ser querido. Que se revelen motivos equivocados. Que se descubran aquellos que están mintiendo y manipulando a *(inserte el nombre de su ser querido)*.

Declaro que los planes del enemigo en contra de *(inserte el nombre de su ser querido)* tienen que fracasar. Satanás, quita tus manos de *(inserte el nombre de su ser querido)* en el nombre de Jesús. Enmarco la vida de mi ser querido con la sangre. Su vida es territorio de Dios porque Dios prometió salvar a mi familia. Levanto la bandera del amor de Dios sobre él/ella.

Rompo las mentiras y el engaño que se han utilizado para cegar a *(inserte el nombre de su ser querido)* a la verdad de la Palabra de Dios. La luz de la Palabra de Dios prevalecerá sobre la oscuridad. Rodeo a *(inserte el nombre de su ser querido)* con fe y amor, pidiendo que la luz de la Palabra de Dios brille intensamente en el entendimiento de *(inserte el nombre de su ser querido)*.

Padre, Te pido que me incites a orar contra cualquier dispositivo nuevo que el adversario pueda usar en contra de *(inserte el nombre de su ser querido)*. Revela las estrategias del enemigo y muéstrame cómo orar específicamente contra las armas que usa el diablo en *(inserte el nombre de su ser querido)*.

EDIFIQUE SU FE

LUCAS 10:19

He aquí, les doy autoridad de pisar serpientes, escorpiones y sobre todo el poder del enemigo; y nada les dañará.

EFESIOS 6:10-16

Por lo demás, fortalézcanse en el Señor y en el poder de su fuerza. Vístanse de toda la armadura de Dios, para que puedan hacer frente a las intrigas del diablo; porque nuestra lucha no es contra sangre ni carne, sino contra principados, contra autoridades, contra los gobernantes de estas tinieblas, contra espíritus de maldad en los lugares celestiales.

Por esta causa, tomen toda la armadura de Dios para que puedan resistir en el día malo y, después de haberlo logrado todo, quedar firmes. Permanezcan, pues, firmes, ceñidos con el cinturón de la verdad, vestidos con la coraza de justicia y calzados sus pies con la preparación para proclamar el evangelio de paz. Y sobre todo, ármense con el escudo de la fe con que podrán apagar todos los dardos de fuego del maligno.

HECHOS 16:31 (AMPC)

Y ellos respondieron: Cree en el Señor Jesucristo [entregándote a Él, sácate de tu custodia y encomiéndate a Su custodia] y serás salvo, [y esto se aplica tanto a] ti como a tu casa también.

PUEDE OPONERSE EL ENEMIGO

Cuando resistimos al diablo y su destrucción en la vida de nuestros seres queridos, actuamos en la voluntad de Dios y en su nombre. Segunda de Corintios 5:20 (AMPC) dice: «*Así que somos embajadores de Cristo, Dios haciendo su llamamiento como si fuera a través de nosotros...*». Dios está usando el poder de nuestra fe y la autoridad de nuestras voces para que oremos de acuerdo a Su voluntad. Somos el "intermediario" de Dios para oponernos a la destrucción del enemigo.

NÚMEROS 16:47-48

Entonces Aarón tomó el incensario, como le había dicho Moisés, y corrió al medio de la asamblea. Y he aquí que la mortandad ya había comenzado entre el pueblo. Él puso incienso e hizo expiación por el pueblo, y se puso de pie entre los muertos y los vivos. Así cesó la mortandad.

Aarón se puso de pie con el fuego de Dios y detuvo el avance de la mortandad. ¡Qué imagen nos proporciona esto! Cuando tomamos nuestro lugar en oración, nos oponemos a las fuerzas de destrucción con la gloria de Dios para hacer retroceder al enemigo.

EFESIOS 6:11 (DHH)

Protéjanse con toda la armadura que Dios les ha dado, para que puedan estar firmes contra los engaños del diablo.

¿Qué significa oponerse a las "engaños" del diablo? La palabra *engaño* indica "un plan o esquema, especialmente uno utilizado para burlar a un oponente o lograr un fin específico". Usted puede ponerse la armadura de Dios y oponerse al plan que el diablo ha lanzado en la vida de su ser querido. Por ejemplo, 2 Corintios 4:3-4 revela que el enemigo está tratando *de cegar el entendimiento* de su ser querido para que no vea la luz del evangelio. Uste puede oponerse a ese plan.

EFESIOS 6:12-13 (NTV)

*Pues no luchamos **contra** enemigos de carne y hueso, sino **contra** gobernadores malignos y autoridades del mundo invisible, **contra** fuerzas poderosas de este mundo tenebroso y **contra** espíritus malignos de los lugares celestiales. Por lo tanto, pónganse todas las piezas de la armadura de Dios para poder resistir al enemigo en el tiempo del mal. Así, después de la batalla, todavía seguirán de pie, firmes.*

La palabra *contra* es una palabra que describe "una confrontación cara a cara, una batalla de contacto cercano entre dos oponentes". Se usa repetidamente en este versículo a manera de enfatizarlo. ¡Pero no se desanime ni se intimide! ¡Estamos de pie! Cuando venimos contra el adversario, estamos de pie, y él cae.

La Biblia nos asegura que cuando se aplica resistencia, el diablo huye. Primera de Pedro 5:8-9 dice: «*Sean sobrios y velen. Su adversario, el diablo, como león rugiente anda alrededor buscando a quién devorar. Resistan*

al tal estando firmes en la fe...». Santiago 4:7 nos instruye: «*Sométanse, pues, a Dios. Resistan al diablo, y él huirá de ustedes*». ¡Estamos equipados para ponernos de pie y resistir el plan del diablo para destruir a nuestros seres queridos!

EFESIOS 6:14-16

Permanezcan, pues, firmes, ceñidos con el cinturón de la verdad, vestidos con la coraza de justicia y calzados sus pies con la preparación para proclamar el evangelio de paz. Y sobre todo, ármense con el escudo de la fe con que podrán apagar todos los dardos de fuego del maligno.

El poder de Dios en usted es más fuerte que cualquier adicción. La capacidad de Dios para liberar a su ser querido es mayor que la adicción tiene para mantenerlo atado.

Pero los delegados podemos aplicar ese poder y la capacidad de Dios. Debemos mantenernos firmes y resistir al diablo por nuestros seres queridos porque Dios quiere que se vuelvan a Él. La voluntad de Dios es que nadie perezca. Siempre es Su voluntad salvar a sus seres queridos, y la promesa en Segunda de Pedro 3:9 proporciona una base firme para su fe.

2 PEDRO 3:9 (NTV)

En realidad, no es que el Señor sea lento para cumplir su promesa, como algunos piensan. Al contrario, es paciente por amor a ustedes. No quiere que nadie sea destruido; quiere que todos se arrepientan.

La Traducción de Weymouth dice: «... *Su deseo es que nadie perezca, sino que todos lleguen al arrepentimiento*».

La Traducción en Lengua Actual dice: «... *porque él no quiere que nadie muera, sino que todos vuelvan a obedecerle*».

La Palabra de Dios para Todos dice: «*No es que el Señor se tarde en cumplir lo que prometió como piensa la gente. Lo que pasa es que Dios es paciente porque no quiere que nadie sea destruido sino que todos cambien su vida y dejen de pecar*».

PROPORCIONANDO PUERTAS ABIERTAS

Dios está dispuesto a abrir los ojos del entendimiento de su ser querido. Él enviará obreros a sus vidas. Con la oración de intervención, usted puede hacer que esa vida esté tan llena de puertas abiertas que, eventualmente, la persona reconocerá que no necesita seguir caminando por el camino de la destrucción. Pasará por una puerta abierta, encontrará la respuesta de Dios y se volverá a Dios.

Cuando usted ora por miembros de su familia, el pacto de Dios funciona como una herramienta o un instrumento para guiar sus oraciones.

GÉNESIS 17:7

Yo establezco mi pacto como pacto perpetuo entre tú y yo, y tu descendencia después de ti por sus generaciones, para ser tu Dios y el de tu descendencia después de ti.

Isaac aún no había nacido, pero Dios le habló a Abraham acerca del pacto que establecería con sus hijos. De modo que, ¿a quién le hizo la promesa? Dios le prometió a Abraham que salvaría a sus hijos, y Dios me prometió *a mí* que establecería Su pacto con mis hijos. La promesa me la

hizo *a mí*. No fue para mis hijos; Se trata de mis hijos. ¡Pero me la hizo *a mí!* Ya que Dios me prometió que Él salvaría a mis hijos, yo cuento con Su Palabra.

Yo reconozco que cada persona debe tomar una decisión personal de aceptar a Jesucristo como su Señor, incluyendo los miembros de mi familia. Pero si mis seres queridos conocen a Dios, experimentan Su amor por ellos y Su salvación, ellos lo querrán. El enemigo es quien ciega la mente y engaña. Nuestras oraciones de intervención son herramientas llenas de fe que abren sus ojos y hacen brillar la luz del evangelio de Jesucristo en sus corazones.

La promesa de salvar a los hijos se hace a los padres para que podamos ejercer y desatar nuestra fe independientemente de cómo puedan estar actuando. Podemos mantener esa conexión de fe incluso cuando no les interesa ir en dirección a Dios. Nosotros continuamos recurriendo a Dios basándonos en lo que Su Palabra dice acerca de esa promesa.

ISAÍAS 49:25

Pues así ha dicho el SEÑOR: "Ciertamente el cautivo le será quitado al valiente guerrero, y el botín será librado del tirano. Yo contenderé con los que contienden contra ti, y yo salvaré a tus hijos.

Creer en Dios mantiene la puerta abierta, proporcionando una conexión definitiva para que Dios continúe ministrando a nuestros seres queridos. Si llega la oportunidad de preocuparse, si escucha que están tomando malas decisiones, libere su fe, diciendo: "Padre, echo sobre Ti toda ansiedad. Tomo Tu Palabra, Señor. Me prometiste que establecerías Tu pacto con mis hijos y conmigo. Tú serías un Dios para mis hijos. Te tomo la Palabra".

ISAÍAS 54:13

Todos tus hijos serán enseñados por el SEÑOR, y grande será la paz de tus hijos.

En esta declaración del Antiguo Testamento, Dios le da una imagen para que la guarde en su corazón. Usted puede tomar esta declaración y ponerla en su corazón y en su boca. El poder que está dentro de esta promesa será liberado en su familia. Aplique la promesa a su situación hablándola. La Palabra de Dios es activada por voz, así que diga: "¡Te doy gracias, Padre! Grande será la paz de mis hijos. Mis hijos serán enseñados por el Señor".

ISAÍAS 54:13 (AMPC)

Y todos sus hijos [espirituales] serán discípulos [enseñados por el Señor y obedientes a su voluntad] y grande será la paz y calma tranquila de sus hijos.

Estos versículos se deben usar para imprimir una imagen en el corazón. Tal vez la situación ha construido una imagen de pérdida o miedo. Tal vez el enemigo reproduce videos mentales de muerte y destrucción en su mente. Tal vez se ha preocupado por la noche, imaginando al hijo esposado. Tal vez usted haya temido que mueran de una sobredosis o que les disparen en un negocio de drogas. Si nos fijamos en los problemas, veremos todas las "posibilidades" de mal que el enemigo nos presenta.

Permita que la Palabra de Dios sea el video que se reproduce en su mente. Vea a sus hijos entrar a la iglesia con sus Biblias. Vea a sus hijos de pie en la iglesia con la gloria de Dios fluyendo en ellos. ¡Imagínelos dirigiendo el servicio de adoración, enseñando en la Escuela Dominical o imponiendo las manos sobre los enfermos! Cualquiera que sea el plan de

Dios para sus vidas, usted debe construir una imagen que lo refleje. Véalos vivir una vida buena y sana. Imagínelos en un matrimonio sólido con una situación financiera estable. Obtenga esa imagen para que el enemigo no reproduzca sus videos negativos.

El Señor le dijo a Josué: «*Este libro de la ley no se apartará de tu boca, sino que meditarás en él de día y de noche, para observar y hacer de acuerdo con todo lo que está escrito en él. Porque entonces harás prosperar tu camino, y entonces obrarás sabiamente y tendrás buen éxito*» (Josué 1:8 AMPC).

Meditar en la Palabra construye la imagen que la Palabra declara. Necesita meditar en la Palabra de Dios en lo que respecta a la salvación de sus seres queridos. Medite en las promesas de Dios hasta que, en su percepción, las promesas se vuelvan más fuertes que los problemas.

De voz a la voluntad de Dios y haga brillar la luz de Dios en la oscuridad de la adicción. Las cosas cambiarán porque la Palabra de Dios no volverá vacía. ¡Logrará todo aquello a donde ha sido enviada!

SU ORACIÓN DE INTERVENCIÓN

En el nombre de Jesús, me mantengo en fe por *(inserte el nombre de su ser querido)* para que camine en la luz de la Palabra de Dios. Padre, Te pido que elimines toda barrera que le impida escuchar o recibir Tu Palabra.

Rompo la fortaleza de las tinieblas que trata de cegar a *(inserte el nombre de su ser querido)* de conocer la verdad acerca de Jesucristo. Declaro que el plan del diablo es un arma que no prosperará contra *(inserte el*

nombre de su ser querido). Me regocijo en el plan de Dios para su vida. Creo ver la bondad de Dios dominando su vida. ¡Padre, santifícalo(a) a través de Tu verdad!

Yo declaro que *(inserte el nombre de su ser querido)* no morirá, sino que vivirá y declarará las obras del Señor (Salmo 118:17). Salmos 68:6 (NTV) declara que Dios pone en libertad a los prisioneros. Te doy gracias, Señor, porque estás sacando a *(inserte el nombre de su ser querido)* de las cadenas de la adicción, destrucción y decepción.

Te doy gracias porque como un pájaro rondando, defenderás a *(inserte el nombre de su ser querido).* Le protegerás y librarás. Le pasarás por alto. Le perdonarás y preservarás (Isaías 31:5 AMPC).

Padre, Te pido en el nombre de Jesús que le des a *(inserte el nombre de su ser querido)* el espíritu de sabiduría y revelación en el conocimiento de Jesucristo. Oro para que los ojos del entendimiento de *(inserte el nombre de su ser querido)* se inunden completamente de luz para que conozca la esperanza de Tu llamado y las riquezas de la gloria de Tu herencia. Señor, oro para que *(inserte el nombre de su ser querido)* conozca la supereminente grandeza de Tu poder para con nosotros los que creemos, según la operación del poder de Tu fuerza (Efesios 1:17-19 RV1960).

EDIFIQUE SU FE

1 JUAN 5:4 (AMPC)

Porque todo aquel que es nacido de Dios es victorioso y vence al mundo; y esta es la victoria que ha conquistado y vencido al mundo: nuestra fe [continua, persistente] [en Jesús el Hijo de Dios].

ISAÍAS 26:3 (AMPC)

Tú guardarás y mantendrás en paz perfecta y constante cuya mente [tanto su inclinación como su carácter] se quedan en Ti, porque se compromete contigo, se apoya y espera con seguridad en Ti.

2 CORINTIOS 4:18

No fijando nosotros la vista en las cosas que se ven sino en las que no se ven; porque las que se ven son temporales, mientras que las que no se ven son eternas.

SALMOS 55:22 (AMPC)

Echa tu carga sobre el Señor [soltando el peso de la misma] y Él te sustentará; nunca permitirá que los [consistentemente] justos sean movidos (que resbalen, caigan o fallen).

EL AMOR DE DIOS ES SU HERRAMIENTA ELÉCTRICA

Una herramienta eléctrica siempre hace el trabajo más fácil. Pregúntele al que martillaba clavos todo el día cuánto más rápido podría trabajar después de que se inventó la pistola de clavos. No solo aceleró el proceso, sino que eliminó la tensión del trabajo.

La idea de salvar a su ser querido de la destrucción fue idea de Dios. Él quiere verlos libres incluso más que usted. ¡El rescate de su ser querido no tiene que drenar toda la energía espiritual de su vida porque ahora usted puede usar las herramientas eléctricas de Dios! Puede orar con un corazón establecido y motivado por el amor de Dios.

Dios está listo y dispuesto a intervenir porque Él los ama. Usted debe construir confianza en Su amor. Si se enfoca en lo que ve, su fe en el amor de Dios se debilitará. Por ejemplo, cuando la persona por la que está orando se encuentra involucrada en drogas, alcohol, un trastorno alimentario o cualquier otro estilo de vida destructivo, tiene evidencia física que dice: "¡Tus oraciones no están funcionando!", además la situación podría incluso hacerle pensar que Dios está enojado debido a decisiones que la persona ha tomado o el estilo de vida que ha escogido.

Cuando usted edifica su fe en el amor de Dios, le dará más liberación de fe porque Su amor motiva Su salvación. Sólo la Palabra de Dios puede transmitir la imagen exacta del amor de Dios. Tendemos a relacionar el

amor que Dios nos tiene con el amor que nosotros tenemos por otras personas, pero el amor de Dios por nosotros supera cualquier definición de amor que podamos describir a partir de la experiencia humana. Su amor es sobrenatural.

¡CONÉCTESE CON EL SUMINISTRO DE ENERGÍA DE LA FE!

Necesita un suministro de energía del amor de Dios para hacer eficaz su fe. Gálatas 5:6 (RV1960) dice: «*Porque en Jesucristo ni la circuncisión vale algo, ni la incircuncisión; sino la fe que obra por amor*».

Puede tener el mejor instrumento, pero sin el suministro de energía, no funcionará. A menos que esté enchufado, será inoperativo. Debe estar conectado a un suministro de energía.

GÁLATAS 5:6 (WET)

Porque en Cristo Jesús ni la circuncisión ni la incircuncisión tienen poder alguno, sino la fe que se manifiesta eficazmente por el amor.

La fe es una de las herramientas espirituales más grandes que Dios nos ha dado. Sin embargo, aun si tenemos una fe tan grande que podemos mover montañas, sin amor, está vacía (1 Corintios 13:2). ¿Por qué? La fe obra por amor. Cuando nos edificamos orando en el Espíritu Santo, nos mantenemos en el amor de Dios.

Cuando oramos por nuestros seres queridos, si solo operamos en el amor humano maternal o paternal, llegará a un límite. El amor humano

se desgasta y se agota. Pero el amor de Dios derramado en nuestro corazón por el Espíritu Santo es una clase de amor diferente.

Déjeme explicarle. En el Nuevo Testamento, hay diferentes palabras griegas para el amor. Está la palabra *eros*, "amor romántico", *storge*, "amor familiar", y *fileo*, que es "amistad". Pero la palabra del Nuevo Testamento para el *amor* es una palabra distinta a la que indica específicamente el amor de Dios, y es sumamente diferente a todos esos otros tipos de amor. Primera de Corintios 13 describe el amor de Dios al ilustrar cómo piensa y se comporta, incluso en situaciones adversas. El amor es paciente y amable. El amor no guarda rencor.

Como madre, puedo decir que ha habido momentos en que mi amor maternal se agotó y necesité el amor de Dios porque estaba enojada con mis hijos. Me habían agotado la paciencia y me habían empujado al límite. ¡Tenía que andar en el Espíritu para no satisfacer los deseos de mi carne!

El amor de Dios que es derramado en nuestros corazones por el Espíritu Santo nunca se desgasta. Primera de Corintios 13:8 dice que el amor nunca falla. Eso significa que nunca se reduce. No puede agotarlo. No puede empujarlo hasta donde diga: "¡No más! Ya terminé. Ya no puedo amarte". ¡No! El amor de Dios proporciona la energía espiritual para continuar administrando las oraciones de intervención hasta que llegue la respuesta.

CREA EN EL AMOR DE DIOS

En nuestra sociedad, tenemos categorías y definiciones para el amor que describen principalmente una emoción. ¡Pero el amor de Dios no es una emoción! Dios es amor, y este amor sólo puede ser entendido a través de

la Palabra. Cuando leemos la descripción del amor en Primera de Corintios 13, nos damos cuenta de que no funciona como ningún otro tipo de amor que hemos conocido.

1 CORINTIOS 13:4-8 (WET)

El amor soporta con mansedumbre y paciencia los malos tratos de los demás. El amor es bondadoso, gentil, benigno, impregna y penetra toda la naturaleza, suavizando todo lo que hubiera sido duro y austero; No tiene envidia.

El amor no se jacta, no es ostentoso, no tiene el ego inflado, no actúa impropiamente, no busca lo que es suyo, no se irrita, no se exaspera, no se enoja. No tiene en cuenta el mal [que sufre], no se alegra de la iniquidad, sino que se regocija con la verdad, todo lo soporta, todo lo cree, todo lo espera sin perder el ánimo ni desanimarse. El amor nunca falla.

Si permitimos que nuestra definición del amor de Dios se ponga a la par con la descripción bíblica, nuestras oraciones de intervención se van a beneficiar. Entonces usted orará a la luz de cuán profundamente Él ama a la persona por la que está orando.

Conocer y creer en el amor de Dios es la forma en que tenemos comunión con Dios. ¡Podemos orar así por nuestros seres queridos también!

1 JUAN 4:16 (RV1960)

Y nosotros hemos conocido y creído el amor que Dios tiene para con nosotros. Dios es amor; y el que permanece en amor, permanece en Dios, y Dios en él.

El creyente que permite que la Palabra de Dios redefina el amor de Dios experimenta el amor de Dios en una mayor dimensión. Nosotros moramos en Dios, y Dios mora en nosotros. Imagínese el cambio en nuestros seres queridos a medida que lleguen a conocer Su amor. ¡Ellos le darán la bienvenida a Dios en sus corazones!

El apóstol Pablo fue inspirado por el Espíritu Santo para orar por los creyentes en Éfeso para que pudieran comprender y conocer el amor de Cristo.

EFESIOS 3:17-19

Para que Cristo habite en sus corazones por medio de la fe de modo que, siendo arraigados y fundamentados en amor, ustedes sean plenamente capaces de comprender, junto con todos los santos, cuál es la anchura, la longitud, la altura y la profundidad, y de conocer el amor de Cristo que sobrepasa todo conocimiento para que así sean llenos de toda la plenitud de Dios.

Según este texto, la clave para ser lleno de la plenitud de Dios consiste en estar arraigado y cimentado en amor. Necesitamos comprender la dimensión del amor de Cristo. En otras palabras, necesitamos saber cuán profundamente nos ama y entender hasta dónde llegará Su amor por nosotros.

La adversidad está diseñada para hacernos desmoronarnos o hundirnos como Pedro comenzó a hundirse cuando dirigió su atención al problema. Pero el amor de Dios está diseñado para ser el fundamento de nuestra fe. Cuando sabemos y creemos que el amor de Dios abunda para nosotros, nos volveremos inmutables.

ROMANOS 8:37

Más bien, en todas estas cosas somos más que vencedores por medio de aquel que nos amó.

Nada puede separarnos de este amor que nos hace más que vencedores. Ninguna lucha, arma o problema puede derrotarnos a medida que aprendemos a vivir en este amor. Entonces, pidámosle a Dios que abra nuestros ojos espirituales y nos muestre cuán profundamente nos ama. Pidámosle que nos muestre cuánto ama a las personas que son el objetivo de nuestra oración.

Dios quiere liberar a nuestros seres queridos y establecerlos en Su plan. Él se preocupa por el futuro de ellos y quiere demostrarles Su amor en la situación que están atravesando.

MIRANDO EN EL AMOR DE DIOS

2 CORINTIOS 4:18

No fijando nosotros la vista en las cosas que se ven sino en las que no se ven; porque las que se ven son temporales, mientras que las que no se ven son eternas.

Recuerde, la palabra *temporal* significa "sujeto a cambios". Las cosas que son visibles para el ojo natural están sujetas a cambios. Esto incluye adicción, depresión, actividad criminal, intentos de suicidio, etc. Lo que ve que sucede en su vida está sujeto a cambios. Se supone que no debemos fijar nuestra atención en estas cosas temporales. Sin embargo, el amor

eterno de Dios no cambiará. Una vez que fijamos nuestra atención en la verdad eterna del amor de Dios, la gloria de Dios comienza a obrar.

SALMOS 27:13 (NBLA)

Hubiera yo desmayado, si no hubiera creído que había de ver la bondad del Señor en la tierra de los vivientes.

Moisés pidió ver la gloria de Dios, pero Dios le mostró su bondad. Según Dios lo define, ¡Su bondad es Su gloria!

ÉXODO 33:18-19

Entonces Moisés dijo:

—Muéstrame por favor tu gloria.

Y le respondió:

—Yo haré pasar toda mi bondad delante de ti.

Cuando Dios descendió para revelar Su gloria, proclamó Su misericordia y habló de Su bondad.

ÉXODO 34:5-6 (AMPC)

Y el SEÑOR descendió en la nube, y estuvo allí con él y proclamó el nombre del SEÑOR. Y pasó El SEÑOR delante de él y proclamó: El SEÑOR, el SEÑOR, Dios misericordioso y clemente, tardo para la ira y abundante en misericordia y verdad.

La palabra *misericordioso* significa "amar profundamente, tener misericordia, tener afecto tierno, estar lleno de compasión". La palabra *clemente* significa "mostrar favor, preferir o extender favor o gracia". A medida que

tomamos la descripción de Dios de sí mismo y lo conocemos por su palabra, desarrollamos nuestra confianza en Él.

JUAN 3:16 (AMPC)

*Porque **tanto amó Dios y apreció inmensamente** al mundo que [incluso] entregó a su Hijo unigénito (único), para que todo aquel que cree (confía, se aferra, se apoya) en Él no perezca (venga a la destrucción, sea perdido) pero tenga vida eterna (para siempre).*

Nuestro Padre Celestial tanto ama y aprecia a nuestros seres queridos que envió a Jesús para que les proporcionara una forma de escapar la destrucción. ¡El camino está trazado! ¡La salvación está lista!

Entonces, centrémonos en Su bondad y démosle más atención que a cualquiera de las cuestiones que intentan hacernos dudar. ¡La bondad de Dios no cambiará!

SU ORACIÓN DE INTERVENCIÓN

Según Efesios 3:17-19, Padre Celestial, pido que Cristo se establezca en mi corazón por medio de la fe, para que yo esté firmemente arraigado(a) y cimentado(a) en el amor. Deja que Tu amor se convierta en la motivación de mi fe y la audacia de mi petición.

Ayúdame a ver a *(inserte el nombre de su ser querido)* a través de Tu amor. Ayúdame a tener compasión y misericordia de sus fracasos y malas

decisiones. Los perdono por todo lo que me han hecho y el daño que pueden haber causado a nuestra familia.

Te pido que pueda comprender la anchura, longitud, altura y profundidad de Tu amor, a fin de poder experimentarlo de una manera superior y poder orar por *(inserte el nombre de su ser querido)* en ese fluir de amor.

En el nombre de Jesús, oro para que reveles estas dimensiones de Tu amor a *(inserte el nombre de su ser querido)* y lo guíes a experimentar Tu amor también. Señor, Te pido que *(inserte el nombre de su ser querido)* conozca y crea el amor que le tienes. Deja que ese amor expulse cualquier desesperanza que pueda sentir. Rodeo a *(inserte el nombre de su ser querido)* con fe y amor como un escudo protector.

Dios Padre, elijo enfocarme en Tu amor por *(inserte el nombre de su ser querido)* y hablar de acuerdo con Tu verdad sobre la condición de su vida. Tengo fe en que Tú amas a *(inserte el nombre de su ser querido)* incluso más que yo.

Gracias, Señor, por amar a *(inserte el nombre de su ser querido)*. Gracias, Señor, por atraerlo por Tu Espíritu. Me regocijo y te alabo por derramar Tu amor en la vida de *(inserte el nombre de su ser querido)*.

EDIFIQUE SU FE

JUAN 3:16-17 (MSG)

Así amó Dios al mundo: entregó a Su Hijo, a Su único Hijo. Y está es la razón: para que nadie tenga que ser destruido; creyendo en Él, puede tener una vida entera y duradera. Dios no se tomó la molestia de enviar a Su Hijo simplemente para señalar con el dedo acusador; diciéndole al mundo lo malo que era. Vino a ayudar, a arreglar el mundo nuevamente.

SALMOS 27:13 (NTV)

Sin embargo, yo confío en que veré la bondad del Señor mientras estoy aquí, en la tierra de los vivientes.

SALMOS 86:15

Pero tú, oh Señor, Dios compasivo y clemente, lento para la ira y grande en misericordia y verdad.

SALMOS 145:8-9 (TLA)

Dios mío, tú eres tierno y bondadoso; no te enojas fácilmente, y es muy grande tu amor. Eres bueno con tu creación, y te compadeces de ella.

DÍA 12

SU LÍNEA DIRECTA AL CIELO

Como se estableció en capítulos anteriores, la base de su oración de intervención es la voluntad de Dios. Buscamos la voluntad de Dios en la Palabra de Dios. Al usar la Palabra para desarrollar en su corazón una imagen de la voluntad de Dios, usted desarrolla confianza antes de orar.

Ahora, su oración de intervención necesita el enfoque adecuado. En el pasado, he perdido tiempo precioso orando con el enfoque equivocado. Por lo tanto, quiero ayudarle a identificar el objetivo para asegurarse de que tiene el enfoque correcto.

Descartemos algunas de las cosas *equivocadas* en que la gente se enfoca en oración. Primero, *no estamos* orando para convencer a Dios de que haga algo que Él no quiere hacer. Mas bien, nos estamos asociando con Él en oración, usando nuestra fe y autoridad para orar Su voluntad. Estamos permitiendo que nuestras oraciones llenas de fe funcionen como un instrumento en la mano de Dios.

En segundo lugar, *no estamos* tratando de contarle a Dios el problema. Él conoce cada detalle de cada situación en la vida de cada persona. ¡Nada de lo que podamos decir tomará al Señor desprevenido! Por lo tanto, no necesitamos pasar la mayor parte de nuestro tiempo en oración ensayando los detalles sórdidos o describiendo la situación desesperada. En

cambio, nuestras oraciones deben estar llenas de las respuestas y promesas espirituales de Dios.

Finalmente, no estamos tratando de conseguir que Dios salve a nuestros seres queridos. Él ya ha suplido todas las provisiones para su salvación. Cuando tomen la decisión de *aceptar* Su salvación en Jesucristo, nacerán de nuevo y serán liberados de toda esclavitud. Por lo tanto, nuestras oraciones se centran en ayudar a nuestros seres queridos a ver y aceptar el amor, la liberación y la salvación que Dios ha provisto en Jesucristo.

CONECTAR Y DESCONECTAR

En pocas palabras, nuestro enfoque consiste en conectar y desconectar. Queremos conectarlos con el poder y la capacidad de Dios y desconectarlos de la autoridad y la influencia del adversario.

Permítame explicar el dilema. Dios les ha dado a las personas el libre albedrío para elegir su destino. Además, Dios le dio a la humanidad la autoridad para dominar la tierra. Entonces, muchas cosas suceden debido a la mala decisión de alguien o su incapacidad para ejercer dominio. Debido a la falta de conocimiento sobre estas dos verdades, la gente culpa a Dios por muchas cosas que Él ha puesto en la jurisdicción de alguien más.

El problema surge cuando malinterpretamos la palabra *soberano*, que significa "todo el reino" o "todo el dominio". Dios es ciertamente todopoderoso y soberano, pero Él delegó la autoridad de la tierra a la humanidad.

GÉNESIS 1:26-28

Entonces dijo Dios: "Hagamos al hombre a nuestra imagen, conforme a nuestra semejanza, y tenga dominio sobre los peces del mar, las aves del cielo, el ganado, y en toda la tierra, y sobre todo animal que se desplaza sobre la tierra". Creó, pues, Dios al hombre a su imagen; a imagen de Dios lo creó; hombre y mujer los creó. Dios los bendijo y les dijo: "Sean fecundos y multiplíquense. Llenen la tierra; sojúzguenla y tengan dominio sobre los peces del mar, las aves del cielo y todos los animales que se desplazan sobre la tierra".

Dios estableció a la humanidad como Su representante. Originalmente, Dios nos cubrió en Su gloria como parte del dote para representarlo. La frase «*coronado de gloria*» significa "substancial, pesado, uno que lleva mucho peso".

SALMOS 8:3-8 (AMPC)

Cuando veo y considero tus cielos, obra de tus dedos, la luna y las estrellas que ordenaste y estableciste, ¿qué es el hombre para que te acuerdes de él, y el hijo del hombre [terrenal] para que lo tomes en cuenta? Sin embargo, lo has hecho un poco menor que Dios [o los seres celestiales], y lo has coronado de gloria y honor. Le creaste para ejercer dominio sobre las obras de tus manos; Todo lo pusiste debajo de sus pies: todas las ovejas y los bueyes, sí, y las bestias del campo, las aves del cielo, y los peces del mar, y todo lo que pasa por los senderos del mar.

Desde que Dios delegó la autoridad en la tierra a la humanidad, hay muchas cosas que Él ya no está supervisando. Él espera que pongamos las

cosas en orden de acuerdo con lo que encontramos en Su Palabra. Somos responsables de hacer cumplir la voluntad de Dios y resistir al diablo.

Dios nos dio libre albedrío. Cada ser humano puede elegir la voluntad de Dios o ignorarla. Si elegimos Sus caminos, tendremos los resultados de Dios: bendición, protección, sabiduría, etc. Pero el Señor no anulará nuestra decisión cuando sigamos nuestro propio camino. Dios respetuosamente permanecerá en el exterior, mirando hacia adentro y esperando hasta que lo invitemos a ayudarnos.

Ahí es donde entran en juego nuestras oraciones. Cuando nuestros seres queridos ignoran la voluntad de Dios, podemos pedirle al Señor que intervenga. Debido a nuestras oraciones, Dios tiene el derecho legal de "llamar a la puerta de sus corazones". Él tiene el acceso legal para mostrarles cosas, hablar a sus corazones o poner obreros en sus caminos.

UNA LÍNEA DIRECTA DE COMUNICACIÓN

Crecí viendo los programas de Batman de la década de los años 60, protagonizada por Adam West. En este programa, el alcalde de Gotham City tenía un teléfono rojo en su escritorio que era una línea telefónica directa a la cueva de Batman o incluso al Batimóvil. El alcalde tenía acceso instantáneo a la ayuda de Batman.

¡Usted tiene una línea directa de comunicación con el Creador del Universo! Para tener una reunión con Él, no necesita programar una cita, verificar los antecedentes, ni ser cacheado por los agentes de seguridad. Puede ir directamente a Dios y recibir ayuda en momentos de necesidad.

HEBREOS 4:16 (NBLA)

Por tanto, acerquémonos con confianza al trono de la gracia para que recibamos misericordia, y hallemos gracia para la ayuda oportuna.

La Biblia Amplificada, Edición Clásica, dice: «*Entonces, sin miedo, con confianza y audacia nos acercamos...*». Nuestra confianza está en el hecho de que Dios nos escucha y contestará. ¿Tiene usted este nivel de confianza?

En mi experiencia sirviendo en la iglesia local por más de 25 años, he descubierto que muchos cristianos no tienen mucha confianza en sus oraciones. Le piden oración al pastor, a los líderes de la iglesia, o llaman al centro de llamadas de un ministerio para que oren por ellos.

¡Este no es el diseño de Dios! Santiago 5:13 (AMPC) dice: «*¿Hay alguno entre ustedes afligido (maltratado, sufriendo maldad)? Haga oración...*». Aunque sí, es un beneficio adicional tener creyentes que se pongan de acuerdo con nosotros en la oración, no es prudente dejar nuestra oración a otros. Por ejemplo, yo puedo pedirle a usted que ore por mi hijo, pero no orará desde la misma posición de autoridad ni con la misma súplica que usaré. Puede hacer una oración general para que Dios lo ayude o lo salve, pero mañana o al día siguiente posiblemente no se acordará.

Necesitamos desarrollar suficiente confianza en que Dios mismo nos escucha cuando oramos. Según las Escrituras, esa confianza dará lugar a la certeza de que Él responderá.

1 JUAN 5:14-15 (AMPC)

Y esta es la confianza (la seguridad, el privilegio de la audacia) que tenemos en Él: [estamos seguros] de que si pedimos algo (hacemos cualquier petición) conforme a Su voluntad (de acuerdo con Su propio plan), Él escucha y nos oye.

Y si (pues) sabemos [positivamente] que Él nos escucha en todo lo que le pedimos, **también sabemos [con conocimiento establecido y absoluto]** *que tenemos [concedidas como nuestras posesiones presentes] las peticiones que le hemos hecho.*

Este texto dice: «... *también sabemos [con conocimiento establecido y absoluto] que tenemos... las peticiones...*». ¿Cuándo las tenemos? Las respuestas comienzan a moverse hacia la situación tan pronto como los paramédicos son despachados tan pronto como se hace la llamada al 911, la ayuda de Dios está "en camino". Puede que no veamos lo que Dios está haciendo, pero sabemos con conocimiento establecido y absoluto que Dios se está moviendo a nuestro favor.

DANIEL 9:3-4

Entonces volví mi rostro al Señor Dios, buscándolo en oración y ruego, con ayuno, cilicio y ceniza. Oré al SEÑOR mi Dios e hice confesión diciendo: "¡Oh Señor, Dios grande y temible, que guarda el pacto y la misericordia para con los que lo aman y guardan sus mandamientos!

Daniel se dispuso a orar por lo que estaba ocurriendo en su nación, para que las personas y las situaciones a su alrededor se alinearan al plan de Dios. Cuando el ángel llegó con una respuesta, el ángel dijo: «*Al principio de tus ruegos salió la palabra, y yo he venido para declarártela...*»

(Daniel 9:23). ¡La respuesta comenzó a moverse desde el momento en que Daniel oró!

En el siguiente capítulo, vemos que Daniel estaba en otro tiempo enfocado en orar y buscar a Dios. Un ángel vino en respuesta a la oración de Daniel y dijo: «*Daniel, no temas, porque tus palabras han sido oídas desde el primer día que dedicaste tu corazón a entender y a humillarte en presencia de tu Dios. Yo he venido a causa de tus palabras*» (Daniel 10:12). Si Daniel recibió acción inmediata en respuesta a sus oraciones, estando bajo un pacto menor, cuánto más nosotros, bajo «*un pacto superior... establecido sobre promesas superiores*» (Hebreos 8:6), ¿no recibiremos acción inmediata cuando oremos?

Cuando usted toma su línea directa de oración con su Padre Celestial, Él está recibiendo su llamada. ¡usted tiene una línea directa de comunicación!

SU ORACIÓN DE INTERVENCIÓN

En el nombre de Jesús, vengo con valentía hoy para orar sobre situaciones en la vida de *(inserte el nombre de su ser querido)*. Padre, creo que Tú me escuchas y respondes inmediatamente para comenzar a obrar en esta situación. Señor, incluso me muestras cosas por las que debo orar y formas de interceder por *(inserte el nombre de su ser querido)*. Confío en Ti.

Estoy desatando mi fe para que *(inserte el nombre de su ser querido)* conozca este amor y reciba el sacrificio que Jesús ha hecho por él/ella. Dios Padre, Te pido que ayudes a *(inserte el nombre de su ser querido)* a ver y comprender Tu amor. Abre los ojos de su entendimiento para que pueda ver tu salvación en Cristo Jesús. Rompo el control cegador de Satanás sobre sus pensamientos y declaro que *(inserte el nombre de su ser querido)* es libre en el nombre de Jesús.

Gracias porque tengo una línea directa de comunicación para llegar a Ti. Eres una ayuda presente y muy comprobada en los problemas (Salmos 46:1 AMPC).

Padre celestial, oro según Deuteronomio 30:6, para que circuncides el corazón de *(inserte el nombre de su ser querido)* para amarte. Deja que Tu gloria le sea revelada a *(inserte el nombre de su ser querido)* (Salmos 90:6).

Juan 6:44 dice: «*Nadie puede venir si el Padre que me envió no lo trajere...*». Padre celestial, Te pido que atraigas a *(inserte el nombre de su ser querido)*. Trata con su corazón. Revela Tu bondad a *(inserte el nombre de su ser querido),* en el nombre de Jesús.

EDIFIQUE SU FE

HEBREOS 10:22 (WET)

Sigamos acercándonos con un corazón genuinamente sincero, en plena seguridad de fe, habiendo purificado nuestro corazón de una mala conciencia y lavado nuestro cuerpo con agua pura.

JUAN 15:7-8

"Si permanecen en mí y mis palabras permanecen en ustedes, pidan lo que quieran y les será hecho. En esto es glorificado mi Padre: en que lleven mucho fruto y sean mis discípulos.

JUAN 15:7-8 (WET)

Si mantienes una comunión viva conmigo y mis palabras están en ti, te ordeno que pidas, de inmediato, algo para ti, lo que tu corazón desee, y será tuyo. En esto es glorificado mi Padre: cuando producen mucho fruto. Y así llegar a ser mis discípulos.

MATEO 7:7-8

Pidan, y se les dará. Busquen y hallarán. Llamen, y se les abrirá. Porque todo el que pide recibe, el que busca halla, y al que llama se le abrirá.

LLENE LOS ESTANTES CON LAS RESPUESTAS DE DIOS

Las oraciones llenas de fe ponen la sabiduría, la fuerza y el poder a disposición de nuestros seres queridos. Me gusta pensar que nuestras oraciones de intervención son como "estantes de almacenamiento". Estamos llenando los estantes espirituales para que, a medida que necesiten ayuda, esperanza y respuestas, puedan alcanzar el estante y encontrar un suministro espiritual, ver la luz y tener acceso a la salvación disponible para ellos.

SANTIAGO 5:16 (AMPC)

*La oración ferviente (sincera, continua) de un hombre justo **hace que un tremendo poder esté disponible** [dinámico en su funcionamiento].*

Las oraciones que oramos como creyentes justificados en Cristo Jesús son oraciones efectivas y llenas de poder. Nuestras oraciones están logrando respuestas. ¡La oración hace que un tremendo poder esté disponible!

Un día, pasé por la tienda para recoger algunos artículos necesarios justo antes de que la tienda cerrara por la noche. Esperaba encontrar una tienda vacía con empleados que estuvieran listos para cerrar las puertas, apagar las luces e irse a casa. En cambio, encontré empleados que recién

comenzaban sus turnos, sacando cajas y cajones. Estaban listos para pasar las siguientes ocho horas almacenando los estantes para el próximo día hábil.

Los trabajadores estaban ocupados haciendo inventario. Evaluaban la situación para descubrir qué estantes se habían vaciado y qué había disponible para rellenar esa área. Tampoco esperaron hasta que sus reservas estuvieran vacías. En cambio, hicieron un pedido para reponer la reserva para que no se acabara. ¡Su objetivo era mantener los estantes abundantemente abastecidos!

¡Eso es lo que está haciendo en el reino espiritual! ¡Está haciendo un inventario, ordenando suministros y abasteciendo los estantes! Usted puede rodear a su ser querido con un suministro de sabiduría, respuestas y perspicacia para que cuando comience a buscar, lo encuentre fácilmente. Sus oraciones proporcionan corrientes espirituales de protección, amor y fe alrededor de sus vidas para que, mientras están en el valle de la decisión, tengan el poder de Dios atrayéndolos en la dirección correcta. Dios es capaz de usar el poder liberado en su oración para cambiar la situación e influir en la persona por la que está orando.

FILIPENSES 4:19 (AMPC)

*Porque estoy seguro y de hecho sé **que a través de sus oraciones** y un abundante suministro del Espíritu de Jesucristo (el Mesías) esto resultará para mi preservación (para la salud espiritual y el bienestar de mi propia alma) y será útil para la obra salvadora del Evangelio.*

Cuando vea la frase «*un abundante suministro del Espíritu de Jesucristo*», puede sentirse tentado a ignorar lo que dice la Escritura antes. La frase «*a través de sus oraciones*» identifica un ingrediente principal

en la preservación de Pablo y el cambio que necesitaba. En el caso de sus seres queridos, a menudo son sus oraciones las que abren la provisión del Espíritu. Usted es quien camina por los pasillos, inspecciona los estantes vacíos y realiza el pedido de lo que se necesita.

Hágase esta pregunta: ¿Qué pasaría si yo no oro? ¿Cuánto acceso tendría Dios a esta situación si nadie le pidiera ayuda? Sin una invitación, hay un límite de cuánto Dios intervendrá en la vida de los seres humanos.

Piense en la mujer sunamita que fue a buscar la ayuda de Eliseo en Segunda de Reyes 4. Ella fue quien trajo el poder de Dios que cambió la vida de su hijo. Sí, Eliseo administró el poder. Pero fue la madre del niño quien trajo el poder de Dios a la situación. Ella impuso una demanda a la cadena de suministro y Dios le entregó un poder sobrenatural para abastecer los estantes con lo que necesitaba. El niño necesitaba el poder, pero no podía pedirlo. La mujer sunamita hizo la llamada. Ella hizo la oración de intervención.

JESÚS ABASTECIÓ LOS ESTANTES DE PEDRO

LUCAS 22:31-32

*Simón, Simón, he aquí Satanás me ha pedido para zarandearte como a trigo. **Pero yo he rogado por ti, que tu fe no falle.** Y tú, cuando hayas vuelto, confirma a tus hermanos.*

Jesús proporcionó un suministro espiritual que Pedro ni siquiera sabía que necesitaría. El Señor hizo una oración de intervención que preparó a

Pedro antes de la dificultad. Jesús es el ejemplo para usted. Hay cosas que el enemigo está planeando contra sus seres queridos, pero las oraciones de usted les brindarán la luz y la misericordia que necesitan para superarlas.

Cuando vivía en pecado, atada por la adicción, nunca hubiera pensado en pedirle a Dios que me ayudara porque pensaba que Dios me odiaba. No esperaba que Él estuviera interesado en mi vida. Dios solo tenía el acceso a mí a través de las personas que me amaban. Mi abuela, mi madre y mis hijos oraron por mí. Mis hijos incluso les pidieron a sus maestros de escuela dominical que oraran por mí. Sus oraciones proporcionaron un derecho legal para que Dios se acercara a mí y abrieron un camino para que Dios me atrajera a Él.

Nunca menosprecie el poder que se produce cuando usted ora. ¡Sus oraciones están llenando los estantes, haciendo que un tremendo poder esté disponible!

SU ORACIÓN DE INTERVENCIÓN

Padre, me acerco a Ti en el nombre de mi Salvador, Jesucristo. Estoy orando por *(inserte el nombre de su ser querido)* que necesita conocer Tu amor. Oro para que rodees a *(inserte el nombre de su ser querido)* con un suministro de verdad. El Salmo 25:10 dice: «*Todas las sendas del Señor son misericordia y verdad*», y Juan 1:17 declara: «*la gracia y la verdad nos han llegado por medio de Jesucristo*». Deja que Tus caminos le conduzcan a la verdad en Jesucristo.

Señor, rodea a *(inserte el nombre de su ser querido)* de sabiduría. Jesús es hecho para nosotros sabiduría (1 Corintios 1:30). Cuando deambule, permite que la sabiduría lo guíe. Cuando duerma, deja que la sabiduría le guarde. Cuando despierte, que la sabiduría le hable (Proverbios 6:22).

De acuerdo con el Salmo 51:12, devuelve el gozo a *(inserte el nombre de su ser querido)* y sostenle con un espíritu dispuesto. Invoco Tu promesa en Jeremías 30:17, que dice que traerás sanidad y curarás sus heridas. Señor, Tú prometiste en Ezequiel 34:16 que buscarás a los perdidos y traerás de vuelta a los extraviados. Vendarás a los heridos y fortalecerás a los débiles. Te pido que hagas estas cosas por *(inserte el nombre de su ser querido)*.

Te pido que envíes obreros a *(inserte el nombre de su ser querido)* de los cuáles recibirá. Envía personas que puedan identificarse con él/ella y fortalece a esas personas con audacia y unción para compartir el evangelio con *(inserte el nombre de su ser querido)*. ¡Te alabo por Tu bondad! Te alabo por Tu fidelidad a Tu Palabra.

EDIFIQUE SU FE

1 CORINTIOS 16:13 (WET)

Mantengan un ojo vigilante, siempre abierto. Sean firmes en la fe. Muéstrense como hombres. Sean poderosos en fuerza.

MATEO 21:22

Todo lo que pidan en oración, creyendo, lo recibirán.

1 TESALONICENSES 5:4-6 (AMPC)

Pero no están [dados al poder de] las tinieblas, hermanos, para que ese día les sorprenda como un ladrón. Porque todos son hijos de la luz e hijos del día; no pertenecemos ni a la noche ni a las tinieblas. Por tanto, no durmamos como los demás, sino mantengámonos bien despiertos (alertas, vigilantes, cautelosos y en guardia) y seamos sobrios (tranquilos, serenos y prudentes).

DÍA 14

LAS ESPINAS EN EL CAMINO

Lisa se paró frente a mí en la línea de oración, pidiéndome que me pusiera de acuerdo por la liberación de su hijo de una adicción a la metanfetamina. Después de escuchar cómo el Señor había cambiado mi vida, se fortaleció su esperanza de que las cosas podrían cambiar para su hijo.

Sus padres lo criaron en la iglesia, pero cuando llegó a la adolescencia, le dio la espalda a Dios, afirmando odiarlo. Lo que comenzó con fiestas alocadas, bebidas y drogas se intensificó hasta que su hijo, profundamente arraigado en una pandilla que dirigía un laboratorio de metanfetamina, fue blanco de una operación secreta.

Tuve el privilegio de celebrar con ellos cuando su hijo regresó al Señor. Fue un proceso de restauración que incluyó un arresto, un corto tiempo en rehabilitación y un deseo sincero de cambiar su vida.

Pero su padre me dijo un versículo específico que el Señor lo llevó a orar durante ese tiempo. Fue una herramienta tan útil que quiero compartirla con usted. Es un versículo que habla de la descarriada esposa de Oseas, Gomer.

HOSEA 2:6

Por tanto he aquí que yo obstruyo su camino con espinos y reforzaré su vallado, de manera que ella no encuentre sus senderos.

Mi amigo tomó este versículo y comenzó a pedirle a Dios que "obstruyera" o bloqueara el camino de su hijo. ¿No es esto lo que necesitamos cuando vemos a nuestros seres queridos tomar caminos que podrían arruinar sus vidas, destruir sus matrimonios o terminar en la muerte? ¡Qué gran forma de orar!

La traducción de la Palabra de Dios para Todos dice: «*Por eso bloquearé con espinos su camino. Construiré una pared alrededor de ella para que no pueda encontrar sus caminos*».

La Nueva Traducción Viviente dice: «*Por esta razón la cercaré con espinos. Cerraré su paso con un muro para que pierda su rumbo*».

Mientras este padre oraba para que Dios bloqueara los caminos de su hijo, el Señor comenzó a intervenir. Terminó bajo custodia policial, llegó a un punto de decisión y se rindió a Dios. ¡El Señor restauró su vida! Él es una parte valiosa de nuestra iglesia hoy, sirviendo a Dios y guiando a su familia en la Palabra.

Dejemos claro que no estamos hablando de la vieja idea religiosa que dice: "Dios me da el dolor para hacerme mejor". ¡NO! Eso es lo que quiere el diablo. Él viene a robar, matar y destruir. Por el contrario, invitamos a Dios a frustrar los *planes del enemigo* y evitar que nuestros seres queridos continúen en el camino que los destruiría.

En un momento dado, el Señor me impulsó a orar: «Padre, no dejes que mis hijos se salgan con la suya con mentiras y engaños. Cualquier cosa que se haga en la oscuridad, que salga a la luz. Señor, trae a la luz todo lo que nos han ocultado para que podamos enseñarles a caminar en la verdad».

LUCAS 12:3 (AMPC)

Todo lo que haya dicho en la oscuridad se oirá y escuchará a plena luz, y todo lo que haya susurrado en los oídos [de la gente] y a puerta cerrada se proclamará sobre los tejados.

En ese momento, no tenía ninguna indicación de que hubieran mentido sobre algo. Simplemente tuve una inspiración para orar en ese sentido. Pronto, mi oración comenzó a sacar a relucir áreas de engaño. Encontré un escondite en la abertura del ático en la parte superior de un armario donde uno de mis adolescentes había escondido alcohol. Eso fue solo el comienzo.

La luz comenzó a brillar sobre las cosas que estaban haciendo en secreto. ¡Me sorprendió! ¡En un momento dado, la policía y la escuela organizaron una operación para romper el club de lucha secreto que mi hijo había comenzado! ¡Me tuvo que dar la noticia antes de verlo en las noticias de la noche!

Otra situación ocurrió un domingo por la noche. Terminé el último canto del servicio de alabanza y pasé el servicio a mi esposo. Mientras caminaba por el pasillo de la iglesia, dirigiéndome a la fuente de agua, el Señor habló claramente a mi corazón: «¡Vete a casa AHORA!».

Una de mis hijas, que decía estar enferma, se había quedado en casa para no ir a la iglesia. Fui directamente a mi auto y conduje a casa. Cuando me acerqué a mi casa, vi un automóvil en el camino de entrada que no reconocí. Entré por la puerta justo a tiempo para enfrentarme a un adulto que se conectó con mi hija adolescente a través de la Internet. Llegué justo a tiempo. ¡Gracias a Dios!

El Señor fue fiel al mostrarme cómo y cuándo actuar. Las cosas que salieron a la luz me sorprendieron, pero enseñaron a mis hijos que el

engaño nunca los beneficiará. Dios estaba bloqueando su camino para evitar que viajaran por un camino de engaño.

Dios sabe lo que se necesita para romper la incredulidad y cómo revelar Su bondad de una manera que nuestros seres queridos comprendan. Oremos de acuerdo con los impulsos y la guía del Espíritu de Dios.

SU ORACIÓN DE INTERVENCIÓN

Dios Padre, vengo a Ti en el nombre de Jesús de parte de *(inserte el nombre de su ser querido)*. El dios de este mundo ha tratado de cegar su mente para que no vea Tu amor. Según Lucas 10:19, tengo autoridad sobre el poder del enemigo, así que rompo su influencia sobre *(inserte el nombre de su ser querido)*. Ordeno que *(inserte el nombre de su ser querido)* esté libre de toda esclavitud para que pueda entender el plan de Dios para su vida.

Padre, Te pido que obstruyas cada camino malvado que *(inserte el nombre de su ser querido)* está caminando. Construye un muro en el camino a la destrucción para impedir que *(inserte el nombre de su ser querido)* continue por ese camino. Protégelos de las influencias de las personas malvadas y obstaculiza los planes de Satanás por todas partes.

En el nombre de Jesús, Te pido que saques a la luz las cosas que se hacen en la oscuridad. Deja que *(inserte el nombre de su ser querido)* entienda que las mentiras y el engaño están jugando un papel en su destrucción. Fortalece a *(inserte el nombre de su ser querido)* para abrazar Tu Palabra como verdad. Dale a *(inserte el nombre de su ser querido)* el deseo de caminar en la luz.

De acuerdo con el Salmo 16:11, muéstrale a *(inserte el nombre de su ser querido)* el camino de la vida y deja que encuentre plenitud de alegría en Tu presencia. Sostén a *(inserte el nombre de su ser querido)* en Tu camino para que sus pasos no se deslicen (Salmos 17: 5). Todos Tus caminos son misericordia y verdad, así que enséñale a *(inserte el nombre de su ser querido)* Tus caminos (Salmos 25:10, Salmos 25: 4). Gracias, Padre Celestial, por Tu ayuda. ¡Te adoro!

EDIFIQUE SU FE

DEUTERONOMIO 7:9

Reconoce, pues, que el SEÑOR tu Dios es Dios: Dios fiel que guarda el pacto y la misericordia para con los que lo aman y guardan sus mandamientos, hasta mil generaciones.

SALMOS 36:5

Oh SEÑOR, hasta los cielos alcanza tu misericordia; y hasta las nubes, tu fidelidad.

SALMOS 86:15

Pero tú, oh Señor, Dios compasivo y clemente, lento para la ira y grande en misericordia y verdad.

SALMOS 36:7

¡Cuán preciosa es, oh Dios, tu bondad! Por eso los hijos del hombre se refugian bajo la sombra de tus alas.

SEMANA TRES

UNA HISTORIA DE INTERVENCIÓN,
RESCATADO POR LA ORACIÓN

Felipe estaba huyendo tan fuerte y rápido como le era posible de Dios y del llamado que Dios había puesto en su vida. Sin embargo, no fue fácil. En la pequeña ciudad de Dalhart, Texas, todos lo conocían como el hijo del predicador. Sus padres habían pastoreado allí tanto tiempo que, a pesar de que habían regresado al campo evangelístico, viajando y predicando por los Estados Unidos, la gente de la ciudad todavía identificaba a Felipe como el hijo del pastor. Cuando cantaba o tocaba la batería en el bar, la gente le preguntaba: "¿No eres el hijo del predicador?" o "¿No solías predicar en el grupo de jóvenes?" o "¿No eras el baterista de la iglesia cerca de aquí?". Le costó mucho trabajo derribar aquella imagen de "niño de la iglesia" que todos tenían de él.

El alcohol controlaba las decisiones de Felipe, lo llevaba al bar todos los días de cobro y lo mantenía allí hasta desaparecer todo su dinero. Fue de sofá en sofá, cansando a sus amigos por hospedarse más tiempo del que debía. En un momento dado, encontró refugio en el garaje de alguien y se escondió hasta por la mañana. Fue una época oscura en su vida.

Pero las cosas empeoraron cuando algunos en la ciudad se volvieron enemigos de Felipe. Cuando él pensó que estaba llegando a una fiesta, era en realidad una emboscada. Felipe se encontró cara a cara con dos hombres fornidos y una mujer despechada, armados con bates, listos para golpearlo hasta convertirlo en pulpa. Sabiendo que eran tres contra uno, Felipe salió corriendo a través de un campo. El sonido de la camioneta ahogó las amenazas y burlas cuando arrancaron el motor para perseguirlo. Jadeando por respirar, se dio cuenta de que no iba a poder escapar.

Salieron del camión y lo rodearon. Cuando comenzó la paliza, Felipe fue derribado al suelo. El golpe sordo de la bota con punta de acero le golpeó el cráneo, provocando que le zumbaron los oídos y le diera vueltas la cabeza. Su espalda, sus costillas y su cabeza sufrieron la peor parte de la brutal paliza cuando Felipe dejó de luchar contra los tres asaltantes y

trató de cubrirse la cabeza. Golpe tras golpe estamparon su cuerpo hasta que Felipe se dio cuenta: «Voy a morir aquí mismo en este campo».

Pero los padres de Felipe sabían cómo pedir la intervención de Dios. Sus padres conocían el camino por donde Felipe andaba. Sabían del alcohol, los bares y la falta de hogar. Cuando su madre se lo encontraba le decía: «Sabes que Dios tiene un plan para tu vida». Su padre intentaba el enfoque autoritario, diciendo: «¡Será mejor que hagas las cosas bien, muchacho!». A pesar de que sus intentos de convencerlo a regresar a los caminos de Dios no estaban funcionando, sus oraciones dieron lugar a que el poder de Dios estuviera disponible.

Eso fue lo que sucedió esta noche. Su madre se despertó de un sueño con una fuerte urgencia de orar por su hijo. Cuando se levantó de la cama y comenzó a clamar por Felipe, el Señor le habló: «El diablo está tratando de matar a tu hijo». Ella tomó su lugar de autoridad y ató el plan del enemigo. Declaró que su hijo no moriría, sino que viviría y declararía las obras del Señor (Salmo 118:17). Estuvo orando hasta que sintió la paz de Dios y con la misma, se volvió a acostar.

En el campo, la paliza se detuvo. Sin decir una palabra, los tres asaltantes detuvieron su frenético ataque y regresaron a la camioneta. Se fueron, y Felipe se encontró solo y con vida.

Se las arregló para salir del campo arrastrando su cuerpo maltratado y destrozado, y se dirigió al hospital del condado. Se preguntó cómo había sobrevivido y qué hizo que sus atacantes se detuvieran hasta que habló con su madre más tarde ese día. Cuando compararon la hora cuando ella oró con la hora en que él fue asaltado, fue el mismo tiempo. Su madre alcanzó al operador del 9-1-1 de Dios, y el poder de Dios fue enviado a la escena.

Felipe se volvió a Dios, el cual restauró su vida y lo puso de nuevo en el camino a Su plan. Hoy, Felipe Steele es mi esposo. Durante más de 25 años, ha pastoreado Iglesia Constructores de Fe Internacional. Aun así, Felipe vive consciente del impacto que la oración de su madre tuvo al proporcionarle acceso legal a Dios para ayudarlo en el momento de su necesidad.

CÓMO PRACTICAR LA VICTORIA

Sus oraciones de intervención son herramientas para iniciar el plan de Dios en la vida de su ser querido. Necesita conocer cada utensilio en su caja de herramientas y cómo usarlos con habilidad. Recuerde esto, no quiere limitarse a su tipo favorito de oración, porque podría obstaculizar su efectividad. Utilice la herramienta adecuada para hacer bien el trabajo.

A veces, uso un cuchillo para la mantequilla y pongo un clavo en la pared o aprieto un tornillo. Mi esposo sacude la cabeza y se ríe mientras va al garaje, busca en su caja de herramientas y regresa con la herramienta adecuada para el trabajo. Con la herramienta adecuada, la tarea siempre es más fácil *y* efectiva.

Muchas personas piensan que pueden arreglar *todo* con la oración de fe. La oración de fe (a menudo referida como *la oración de petición*) se usa para recibir las promesas de Dios que nos pertenecen en nuestro pacto. La Escritura proporciona la fe o la base de nuestra creencia de que Dios nos ha dado esa provisión. Con la oración de fe o petición, la pedimos, creyendo que la recibimos (Marcos 11:23-24).

Si bien la oración de fe puede ser el tipo de oración que usamos con más frecuencia, no siempre es la más efectiva en todos los casos. Al orar por nuestros seres queridos, su voluntad está involucrada, y el Señor no nos permitirá usar *nuestra* fe en contra *de su* voluntad. Por lo tanto,

necesitamos saber qué herramienta usar y cómo usarla. Si necesitamos cortar una tabla, sería frustrante usar un taladro. ¡Una sierra funcionaría mejor! Si necesitamos interceder, busquemos la herramienta de intercesión. Si necesitamos suplicar, busquemos las de suplicar.

PREPARA LA ATMÓSFERA

Un utensilio en la caja de herramientas de intervención es la oración de alabanza y adoración. Esto también se conoce en las Escrituras como "ministrar al Señor".

HECHOS 13:1-4

*Había entonces en la iglesia que estaba en Antioquía unos profetas y maestros: Bernabé, Simón llamado Níger, Lucio de Cirene, Manaén, que había sido criado con el tetrarca Herodes, y Saulo. **Mientras ellos ministraban al Señor** y ayunaban, el Espíritu Santo dijo: "Apártenme a Bernabé y a Saulo para la obra a la que los he llamado". Entonces, habiendo ayunado y orado, les impusieron las manos y los despidieron. Por lo tanto, siendo enviados por el Espíritu Santo, ellos descendieron a Seleucia, y de allí navegaron a Chipre.*

La frase "mientras ellos ministraban al Señor" revela el motivo de su actividad. En su adoración y reverencia al Señor, prepararon una atmósfera donde el Señor podía hablar claramente sobre la dirección de sus vidas y ministerio. Recibieron detalles y dirección específica mientras ministraban al Señor en una atmósfera donde Dios era exaltado. El Señor tenía su atención y les mostró el siguiente paso.

¡Debemos ministrarle al Señor! Al hacerlo, abrimos el camino para que Dios se mueva en nuestra situación y revele la dirección que Él quiere que tomemos. Fijamos nuestra atención en Él y le hacemos fácil que Él nos muestre cosas.

Cuando ministramos al Señor, le damos nuestro enfoque y le damos la espalda al problema.

HECHOS 16:25-26

Como a la medianoche, Pablo y Silas estaban orando y cantando himnos a Dios, y los presos les escuchaban. Entonces, de repente sobrevino un fuerte terremoto, de manera que los cimientos de la cárcel fueron sacudidos. Al instante, todas las puertas se abrieron y las cadenas de todos se soltaron.

Si bien "la medianoche" se refiere a un momento específico, también puede referirse a una temporada en nuestras vidas. Pablo y Silas fueron golpeados y perseguidos por liberar a alguien. Fueron empujados a la cárcel, y sus pies estaban en cepos. Estoy segura de que su situación era difícil en su mente y sus emociones. Pero mientras Pablo y Silas oraban y cantaban alabanzas a Dios, el poder de Dios se manifestó.

Cuando usted está lidiando con una situación con su ser querido que está fuera de su control, usted puede adorar al Señor. Puede crear una atmósfera donde Dios sea exaltado por encima del problema. Cuando alabamos Su nombre, hay una manifestación de Su presencia en la atmósfera que lo rodea y una mayor manifestación de Su habilidad para romper las limitaciones y fortalezas.

La Biblia dice que aquellos que esperan en el Señor renovarán sus fuerzas (Isaías 40:31). *Esperar* no significa "esperar ociosamente". Mas bien,

significa "esperar en el Señor y ministrarle". ¡Diga cuán bueno y fiel es Dios! Proclame que Dios es fiel a Su Palabra. ¡Él es un Dios que guarda el pacto!

Ministrar al Señor le fortalece así que desarrolle un estilo de vida de alabanza. Usted puede glorificar a Dios de antemano por la libertad y la salvación de sus miembros de familia.

SU ORACIÓN DE INTERVENCIÓN

Padre, me acerco a Tu trono en el nombre de Jesús. Sé que Tu voluntad para *(inserte el nombre de su ser querido)* es libertad, liberación y una vida de plenitud. Oro para que *(inserte el nombre de su ser querido)* esté libre del temor de acercarse a Ti. Oro para que llegue a saber que Jesús ha provisto un acercamiento a Ti a través de la sangre que Él derramó en la cruz en el Calvario.

Padre, yo me resisto a tenerme lástima. Reconozco la presión del enemigo para hacerme pensar como una víctima, y me niego a hacerlo. Aplico la sangre de Jesús para limpiar mi mente y mis emociones de pensamientos de lastima por mí misma, vergüenza o bochorno. Con las armas de mi guerra, derribo imaginaciones que me hacen verme a mí misma como una víctima.

Mas bien, me regocijo en Tu fidelidad. Levanto mi voz para decir: "Gracias por darme Tu Palabra como una luz para vivir". Me animo a alabarte de antemano por los obreros que enviarás a través del camino

de *(inserte el nombre de su ser querido)*. Me regocijo de que seas fiel para atraer a *(inserte el nombre de tu ser querido)* por Tu Espíritu.

Oro para que *(inserte el nombre de su ser querido)* escuche Tu voz y Tu Palabra. Ruego que *(inserte el nombre de su ser querido)* entienda el plan de salvación y se vuelva hacia ti.

EDIFIQUE SU FE

SALMOS 103:1-5

Bendice, oh alma mía, al SEÑOR. Bendiga todo mi ser su santo nombre. Bendice, oh alma mía, al SEÑOR y no olvides ninguno de sus beneficios. Él es quien perdona todas tus iniquidades, el que sana todas tus dolencias, el que rescata del hoyo tu vida, el que te corona de favores y de misericordia, el que sacia con bien tus anhelos de modo que te rejuvenezcas como el águila.

JEREMÍAS 31:16-17 (AMPC)

Así dice el Señor:

*«Refrena tu voz del llanto y tus ojos de las lágrimas, porque tu trabajo será recompensado—dice el Señor—. Y **tus hijos volverán de la tierra del enemigo**. Y hay esperanza para tu futuro—dice el Señor—. **Tus hijos volverán** a su propio país.*

ES VICTORIA, NO VÍCTIMA

Pasé muchos años practicando ser una víctima. Culpé a todos los demás por mi situación y sentí lástima por mí misma cuando todo se me hacía difícil. Ensayé las veces que la gente me había rechazado o maltratado. La mentalidad de víctima se convirtió en un estilo de vida. Pero después de aceptar a Jesús como Señor, ya no fue apropiado porque, en Cristo, soy más que vencedora (Romanos 8:27). Tengo la victoria que vence al mundo (1 Juan 5:4), y Dios siempre me hace triunfar (2 Corintios 2:14).

Una *víctima* es "alguien que ha sido perjudicado o ha sufrido por una circunstancia o evento". Por otro lado, un *vencedor* es "aquel que derrota a un adversario, el ganador en una pelea, batalla o contienda". Somos vencedores en cada situación debido a nuestra posición en Cristo Jesús.

1 CORINTIOS 15:57

Pero gracias a Dios, quien nos da la victoria por medio de nuestro Señor Jesucristo.

Recuerde y ensaye su victoria cuando las situaciones con su ser querido causen confusión y caos en su familia. Cuando suceden cosas que lo hacen sentir como una víctima, elija mantenerse en la victoria. Resista la tentación de sentir lástima por sí mismo. Hay que superar la vergüenza causada por las malas decisiones del ser querido porque el enemigo usa

esos sentimientos para sacarlo de la corriente de amor y fe. Usted debe mantener el triunfo que le pertenece en Cristo.

Por ejemplo, el rey Josafat y el pueblo de Judá mantuvieron su victoria y recibieron la ayuda de Dios. Estaban bajo ataque y superados en número. Podrían haber sentido lástima por sí mismos o haber tomado la posición de la víctima. En cambio, buscaron a Dios.

2 CRÓNICAS 20:1-4

Aconteció después de esto que los hijos de Moab y de Amón, y con ellos algunos de los amonitas, salieron a la guerra contra Josafat. Entonces fueron e informaron a Josafat diciendo: "Una gran multitud viene contra ti de la otra orilla del mar, de Edom. Y he aquí que están en Hazezón-tamar, que es En-guedi". Josafat tuvo temor, se propuso consultar al SEÑOR e hizo pregonar ayuno en todo Judá. Se reunieron los de Judá para pedir socorro al SEÑOR, y de todas las ciudades de Judá vinieron para buscar al SEÑOR.

Cuando el rey Josafat oró, lo hizo desde la posición de victoria. Su enfoque estaba en la poderosa provisión y la fidelidad de Dios. Mire específicamente el énfasis de su oración.

2 CRÓNICAS 20:5-9

Entonces Josafat se puso de pie ante la congregación de Judá y de Jerusalén, en la casa del SEÑOR, delante del atrio nuevo, y dijo: "Oh SEÑOR, Dios de nuestros padres, ¿no eres tú Dios en los cielos, que gobiernas en todos los reinos de las naciones y que tienes en tu mano fuerza y poder, de modo que nadie te pueda resistir? ¿No fuiste tú, oh Dios nuestro, el que echaste

*a los habitantes de esta tierra de la presencia de tu pueblo Israel y **la diste a la descendencia de tu amigo Abraham** para siempre? Ellos han habitado en ella y han edificado allí un santuario a tu nombre, diciendo: 'Si el mal viniera sobre nosotros (espada de juicio, peste o hambre), nos presentaremos delante de este templo y delante de ti, porque tu nombre está en este templo. A ti clamaremos en nuestra tribulación, y tú nos escucharás y librarás'.*

El rey oró con énfasis en la bondad de Dios, en Su poder y victorias pasadas. Josafat estableció que Dios les dio la tierra y les ayudaría a conservarla.

2 CRÓNICAS 20:10-12

Ahora pues, he aquí que los hijos de Amón, los de Moab y los de la región montañosa de Seír (la tierra de los cuales no quisiste que Israel atravesara cuando venía de la tierra de Egipto, por lo que se apartaron de ellos y no los destruyeron); he aquí que ahora ellos nos pagan viniendo a expulsarnos de la heredad que tú nos has dado en posesión. Oh Dios nuestro, ¿no los juzgarás tú? Porque nosotros no disponemos de fuerzas contra esta multitud tan grande que viene contra nosotros. No sabemos qué hacer, pero en ti ponemos nuestros ojos.

Ahora que hemos estudiado el enfoque de Josafat en la oración, veamos la respuesta de Dios. El Espíritu de Dios vino sobre un profeta, diciendo: «*Oigan, todo Judá y habitantes de Jerusalén, y tú, oh rey Josafat, así les ha dicho el SEÑOR: 'No teman ni desmayen delante de esta multitud tan grande, porque la batalla no será suya, sino de Dios ... ustedes no tendrán que luchar. Deténganse, estense quietos y vean la victoria que el SEÑOR logrará*

para ustedes. ¡Oh Judá y Jerusalén, no teman ni desmayen! ¡Salgan mañana a su encuentro, y el SEÑOR estará con ustedes!» (2 Crónicas 20:15-17).

Ellos creyeron la declaración de Dios tan completamente que no enviaron a los hombres armados al frente de la batalla. En cambio, enviaron a los cantantes en el frente para luchar. Cuando comenzó la alabanza y la acción de gracias, Dios derrotó al adversario. La victoria establecida en la oración del rey se manifestó cuando alabaron al Señor.

Dar gracias a Dios es la manera más fácil de entrar en el fluir de fe y permanecer en en ella. Puede salir de cualquier situación cuando le toma la palabra a Dios y comienza a decir "gracias" por adelantado. Su acción de gracias es una prueba que usted cree que ha recibido antes de ver cualquier evidencia en la circunstancia natural.

LA ALABANZA ES LA FUERZA

Cuando usted esté en una situación, defendiendo a un ser querido, debe reconocer la alabanza y la adoración como una herramienta y un arma. La fuerza de Dios está disponible en nuestra alabanza. Cuando comenzamos a alabar a Dios, Su fuerza y habilidad entran en acción.

SALMOS 8:2

De la boca de los pequeños y de los que todavía maman has establecido la alabanza frente a tus adversarios para hacer callar al enemigo y al vengativo.

Jesús testificó que la *alabanza* es igual a la fuerza cuando citó el libro de Salmos, diciendo: *«De la boca de los niños y de los que maman preparaste*

la alabanza?» (Mateo 21:16). Las definiciones bíblicas de *los que maman* se refieren a aquellos que aún no son lo suficientemente maduros espiritualmente para saber cómo obrar la Palabra de Dios. Pero este texto demuestra que incluso un cristiano recién nacido tiene suficiente poder en su alabanza para fortalecerlo y resistir al diablo.

Cuando usted alaba al Señor, ¡desgasta al enemigo! Él dice: "¡Vaya! Eso es demasiado para mí. ¡Ya no lo soporto! ¡Ya detén eso! ¡Detenga la alabanza! Me voy de aquí". Cuando magnifica al Señor, el enemigo pierde fuerza y se retira.

«Honren al SEÑOR conmigo; exaltemos todos su nombre» (Salmos 34:3 PDT). Elevamos a Dios con palabras de alabanza y exaltamos Su capacidad para cambiar el resultado. Utilice parte de su tiempo de oración para alabar a Dios. Haga de su estilo de vida uno de alabanza y gratitud a Dios.

SU ORACIÓN DE INTERVENCIÓN

Padre, Te alabo por salvar a *(inserte el nombre de su ser querido)*. Celebro cómo Tú estás moviendo en su vida para mostrarte poderoso a su favor. Con alegría, espero verle en la iglesia, leyendo Tu Palabra, cantando alabanzas a Tu nombre. Creo que grande será la paz de *(inserte el nombre de su ser querido)* y es discípulo(a) del Señor Jesucristo. *(Inserte el nombre de su ser querido)* es como un árbol plantado junto a los ríos de agua viva. Sus hojas no se marchitarán, pero todo lo que haga prosperará. *(Inserte*

el nombre de su ser querido) no experimentará temor cuando vengan los problemas de la vida porque confía en el Señor.

Según Ezequiel 11:19-20, Te agradezco que le das a *(inserte el nombre de su ser querido)* un corazón devoto. Pones un espíritu nuevo dentro de él/ella quitando el corazón duro y rebelde. Me regocijo porque le das a *(inserte el nombre de su ser querido)* un corazón que desea caminar en Tus estatutos, guardar Tus decretos y cumplirlos.

Según Juan 6:44, nadie puede venir a Jesús a menos que el Padre lo traiga. Gracias, Padre Celestial, por atraer a *(inserte el nombre de su ser querido)* por Tu Espíritu. Me regocijo porque Tú abres los ojos del entendimiento de *(inserte el nombre de su ser querido)* y revelas la anchura, la longitud, la altura y la profundidad del amor de Dios en Cristo Jesús. Deja que la luz del Evangelio de Jesucristo brille intensamente en los ojos de su entendimiento, haciéndole ver claramente la salvación que Tú has puesto a disposición.

Me comprometo a cultivar una actitud de gratitud y un estilo de vida de alabanza. Llenaré mis pensamientos con expectativas de bien y tomaré cautivos los pensamientos de temor, fracaso o derrota. Gracias, Padre, por la paz que sobrepasa todo entendimiento que guarda mi corazón y mi mente.

EDIFIQUE SU FE

Aquí hay una compilación de versículos para ayudarlo a ser agradecido y posicionarlo en una actitud de alabanza. Dedique algún tiempo a desarrollar esta gratitud por la libertad y la salvación de su ser querido.

ROMANOS 8:37 (WET)

Pero en estas cosas, en todas ellas, constantemente salimos con más que la victoria a través de Aquel que nos amó.

1 JUAN 5:4 (WET)

Porque todo lo que ha nacido de Dios constantemente sale victorioso sobre el mundo. Y ésta es la victoria sobre el mundo: nuestra fe.

2 CORINTIOS 2:14 (AMPC)

Pero gracias a Dios que en Cristo siempre nos conduce en triunfo [como trofeos de la victoria de Cristo] y a través de nosotros esparce y hace evidente en todas partes la fragancia del conocimiento de Dios.

SALMOS 68:19

¡Bendito sea el Señor! Día tras día lleva nuestras cargas el Dios de nuestra salvación. Selah

LA APLICACIÓN DE LA INTERCESIÓN DE JESÚS

Si su ser querido no ha aceptado a Jesús como su Señor, el objetivo principal de la intervención es ayudarlo a ver y aceptar el sacrificio de Jesús. Aunque es posible que no quiera escucharlo predicar, sus oraciones pueden preparar el escenario para que escuche y reciba. En la raíz del problema está la muerte espiritual, y la respuesta a ese problema es nacer de nuevo. Jesús dijo en Juan 3:6-7: «*Lo que ha nacido de la carne, carne es; y lo que ha nacido del Espíritu, espíritu es.... Les es necesario nacer de nuevo*».

ROMANOS 5:12 (AMPC)

Por lo tanto, como el pecado entró en el mundo a través de un hombre y muerte como resultado del pecado, así pasó la muerte a todos los hombres [sin que nadie pudiera detenerla ni escapar de su poder] porque todos los hombres pecaron.

1 CORINTIOS 15:21, 22

Puesto que la muerte entró por medio de un hombre, también por medio de un hombre ha venido la resurrección de los muertos. Porque así como en Adán todos mueren, así también en Cristo todos serán vivificados.

Cuando el pecado entró al mundo a través de la desobediencia de Adán, la muerte espiritual entró en su corazón, y Adán pasó la muerte espiritual a cada persona nacida en la tierra.

Es conveniente entender la diferencia entre *una oración* de intercesión y *la obra* de intercesión de Jesús. Primero, ¿qué significa la intercesión? La palabra *interceder* significa "estar entre uno y otro". Jesucristo es el Intercesor y completó la *obra* de intercesión cuando nos redimió.

ISAÍAS 59:16

Vio, pues, que no había nadie, y se asombró de que no hubiera quien intercediera. Por tanto, su propio brazo le produjo salvación, y su propia justicia lo sostuvo.

Primero, Jesús se colocó entre la humanidad y Satanás a fin de desconectarnos del poder que Satanás había usado para controlarnos. Esta desconexión se describe en Génesis 3:15, que dice: «*Pondré enemistad entre ti y la mujer, y entre tu descendencia y su descendencia; esta te herirá en la cabeza, y tú la herirás en el talón*».

Jesús, por lo tanto, se paró entre Dios y la humanidad para conectarnos en una relación de pacto. ¡Jesús nos reconcilió con Dios!

2 CORINTIOS 5:18-20

Y todo esto proviene de Dios, quien nos reconcilió consigo mismo por medio de Cristo y nos ha dado el ministerio de la reconciliación: que Dios estaba en Cristo reconciliando al mundo consigo mismo, no tomándoles en cuenta sus transgresiones y encomendándonos a nosotros la palabra de la reconciliación. Así que, somos embajadores en nombre de Cristo; y como Dios

los exhorta por medio nuestro, les rogamos en nombre de Cristo: ¡Reconcíliense con Dios!

La obra de intercesión está establecida y los beneficios están disponibles. Jesús estableció la obra de intercesión, cuando se colocó entre el enemigo y la humanidad para desconectarnos de su control. Además, Jesús se interpuso entre Dios y la humanidad para conectarnos con su vida eterna. ¡El trabajo está terminado!

Pero nosotros tenemos una parte en la *distribución* de la intercesión de Jesús. La oración de intercesión conecta a otros con los beneficios de Su obra cumplida. Nuestras oraciones se utilizan para ayudar a nuestros seres queridos a que tengan acceso a lo que ya está disponible para ellos.

La oración de intercesión se usa para romper el poder destructivo del enemigo. Nosotros ejercemos nuestra autoridad en el nombre de Jesús y, como Su representante, tomamos dominio sobre el diablo, oponiéndonos a sus engaños, maquinaciones y artimañas. Esta es una parte importante de la intervención porque nuestros seres queridos, que no están caminando con Jesús como su Señor, no tienen armas para defenderse. ¡Nosotros somos los que portamos las armas para detener la destrucción del diablo!

De manera que, a través de sus oraciones, usted "se pone entre" su ser querido y Dios para aplicar la obra de intercesión de Jesús. Luego, usted "se coloca" entre su ser querido y Satanás usando la autoridad en el nombre de Jesús para desconectarlo del plan de Satanás. De la misma manera que Jesús detuvo la tormenta, usted le habla paz a la tormenta que arrecia en la vida de su familiar. Cualquiera que sea el drama que el diablo esté instigando, usted puede ser el intermediario que anula su actividad destructiva y rompe su influencia.

La intercesión es el trabajo de Jesús. Él es el Intercesor; nosotros somos Su cuerpo. ¡Nuestra asignación, misión y participación son las de Él!

En español, hay palabras cuyo significado han cambiado con el tiempo. Lo mismo es cierto en el idioma griego. En griego, la palabra *intercesión* originalmente significaba "reunirse a conversar con una persona, cara a cara, y tener una conversación íntima y cercana con esa persona". Podría acercarme a alguien y decirle: "La hermana Fulana de tal piensa que estás ofendido con ella. Ella quiere que sepas que no ha hecho nada para lastimarte. Ella te ama con todo su corazón". Me reuniría con ellos e intercedería cara a cara. No estaría parada al otro lado de la sala para tener esta discusión. Sería más bien una conversación íntima y cercana.

Por medio de nuestra salvación, podemos acercarnos a Dios y hablar con Él. Por ejemplo: "Padre, vengo a hablarte de mi hijo hoy. Te pido que la paz gobierne su corazón. Cualquiera que sea la situación que enfrente, te pido que proporciones sabiduría para tomar la decisión correcta". Esa es una conversación cara a cara con Dios, que ilustra el significado original de la palabra *interceder*.

La palabra no ha perdido completamente ese significado, pero con el tiempo, adquirió otro. En el momento de la traducción del Nuevo Testamento al español, se entendió otro significado. En su comentario sobre Hebreos 7, William Barclay dijo: «A medida que continuó, la palabra llegó a significar 'hacer una petición a un rey o presentar una petición o una solicitud a un rey'» (William Barclay's *Daily Study Bible*).

¡Tenemos el derecho a peticionar al Rey de reyes y Señor de señores! No tenemos que esperar dos meses para obtener una cita para visitarlo o pasar por verificaciones de antecedentes y autorizaciones. Tenemos derecho a acudir a nuestro Padre Celestial en cualquier momento, de día o de noche, y hacer una petición cara a cara para pedir ayuda para las personas que amamos.

HEBREOS 7:25

Por esto también puede salvar por completo a los que por medio de él se acercan a Dios, puesto que vive para siempre para interceder por ellos.

Conocer el significado de la palabra *interceder* nos ayuda a entender que Jesús no está orando lo que nos corresponde a nosotros orar. Jesús está teniendo una conversación cara a cara con Dios *acerca de* nosotros. Por ejemplo, cuando venimos a Jesús y le decimos: "Señor, perdóname por lo que hice", Él es fiel y justo para perdonar nuestros pecados. Él se para ante el Padre y dice: "Por mi sangre, son perdonados. Ellos han accedido al poder de Mi sangre para perdonar. Ahora, los estoy limpiando de toda maldad".

ROMANOS 8:34 (NTV)

Entonces, ¿quién nos condenará? Nadie, porque Cristo Jesús murió por nosotros y resucitó por nosotros, y está sentado en el lugar de honor, a la derecha de Dios, e intercede por nosotros.

Somos ministros de reconciliación de Jesús, y Su asignación en la tierra es nuestra asignación. Él está a la diestra de Dios para ser nuestro "intermediario", y nosotros somos Sus representantes en la tierra para distribuir todo lo que Su redención proporciona.

2 CORINTIOS 5:18

Y todo esto proviene de Dios, quien nos reconcilió consigo mismo por medio de Cristo y nos ha dado el ministerio de la reconciliación.

Como ministros de reconciliación, conectamos a las personas con Jesús, ¡incluyendo a los miembros de nuestra familia! El ministerio de Jesús, Su intercesión, ha sido delegada a nosotros para que podamos "pararnos en medio" a fin de romper el poder del diablo y conectar a las personas con Dios.

SU ORACIÓN DE INTERVENCIÓN

Padre Celestial, vengo a Ti basado en lo que Jesucristo logró cuando derramó Su sangre y dio Su vida en la cruz. Jesús intercedió por *(inserte el nombre de su ser querido)* y rompió por completo el control de Satanás sobre *(inserte el nombre de su ser querido)*. Me regocijo por eso y aplico esta libertad a la vida de *(inserte el nombre de su ser querido)*.

Según Juan 3:16, sé que Tú amas mucho y premias mucho a *(inserte el nombre de su ser querido)*. Le amas tanto que enviaste a Jesús, Tu Hijo, a morir en la cruz por *(inserte el nombre de su ser querido)*. Debido a que Jesús nos redimió por Su sangre, *(inserte el nombre de su ser querido)* puede recibir perdón por sus pecados (Colosenses 1:14) si él/ella invoca a Jesús como Señor. Jesucristo ha pagado el precio para redimir a *(inserte el nombre de su ser querido)* con Su preciosa sangre (1 Pedro 1:19). Te pido que ayudes a *(inserte el nombre de su ser querido)* a ver la libertad que está disponible en la sangre de Jesús.

Me regocijo en Jeremías 46:27 porque salvarás a *(inserte el nombre de su ser querido)* de la tierra de su exilio. Regresará y estará tranquilo(a) y a gusto. Gracias, Señor, porque regresará de la tierra del enemigo (Jeremías 31:16 AMPC).

Aplico la sangre de Jesús sobre (*inserte el nombre de su ser querido*) para protegerlo(a) de los planes de Satanás para matarle o destruirle. Dios, te doy gracias por Tu protección sobre (*inserte el nombre de su ser querido*). Protégele contra toda destrucción.

EDIFIQUE SU FE

HEBREOS 7:25 (AMPC)

Por lo tanto también es capaz de salvar a lo sumo (completamente, perfectamente, finalmente y para siempre por eternidad) a aquellos que vienen a Dios a través de Él, ya que siempre vive para hacer la petición a Dios e interceder con Él e intervenir por ellos.

2 CORINTIOS 1:10

quien nos libró y nos libra de tan terrible muerte. Y en él hemos puesto nuestra esperanza de que aun nos librará.

HEBREOS 10:20

Por el camino nuevo y vivo que él nos abrió a través del velo (es decir, su cuerpo).

JEREMÍAS 31:16 (MSG)

Pero Dios dice: «Deje de llorar incesantemente, contenga sus lágrimas. Recoja el salario de su pena». El decreto de Dios: «¡Volverán a casa! Hay esperanza para sus hijos». El decreto de Dios.

MARQUE A SU SER QUERIDO COMO "INTOCABLE" PARA SATANÁS

La noche antes de que Dios liberara a los hijos de Israel de Egipto, usó la sangre del cordero de la Pascua para marcar los hogares que estaban fuera del alcance del destructor. Como resultado, las personas que estaban protegidas por la sangre no fueron tocadas por la destrucción que arrasó con Egipto.

ÉXODO 12:7, 13

Tomarán parte de la sangre y la pondrán en los dos postes y en el dintel de las puertas de las casas en donde lo han de comer.

La sangre les servirá de señal en las casas donde estén. Yo veré la sangre y en cuanto a ustedes pasaré de largo y cuando castigue la tierra de Egipto, no habrá en ustedes ninguna plaga para destruirlos.

Vivimos en un pacto mejor que esta gente poseyó. Hebreos 8:6 dice: *«Pero ahora Jesús ha alcanzado un ministerio sacerdotal tanto más excelente por cuanto él es mediador de un pacto superior, que ha sido establecido sobre promesas superiores».* Si la gente bajo un pacto menor pudieron aplicar la sangre de animal y recibir protección para sus familias, ¡Cuánto

más nosotros podemos aplicar la sangre eterna del Cordero de Dios, Jesucristo, y recibir protección para nuestros seres queridos también!

La frase «*Yo veré la sangre*» indica que la sangre era una marca sobrenatural visible para Dios que identificaba que esa persona estaba fuera de los límites de la destrucción que se avecinaba. ¡El enemigo no puede cruzar la línea de sangre!

El 23 de febrero de 1945, durante la batalla de Iwo Jima, los infantes de marina estadounidenses levantaron una bandera para indicar su victoria y dominio de esa isla. Si bien la imagen de esos soldados levantando la bandera es una inspiración para nosotros, recordemos lo que representa. La bandera marcaba que Estados Unidos había tomado posesión de ese territorio.

Tome posesión en el nombre de Jesús y reclame la vida de sus seres queridos como un territorio que le pertenece al Señor Jesucristo. No vamos a retirarnos o quedarnos de brazos cruzados mientras el enemigo devora los mejores años de sus vidas. ¡No! ¡Estamos levantando una bandera, una bandera teñida de sangre! Quizás pregunte: "¿Cómo hago eso?".

En el Antiguo Testamento, la sangre fue aplicada al pueblo cuando Moisés tomó hisopo (las ramitas de un arbusto silvestre) y roció la sangre sobre ellos.

HEBREOS 9:19-20

Porque habiendo declarado Moisés todos los mandamientos según la ley a todo el pueblo, tomó la sangre de los becerros y de los machos cabríos junto con agua, lana escarlata e hisopo, y roció al libro mismo y también a todo el pueblo diciendo: Esta es la sangre del pacto, el cual Dios les ha ordenado.

Entonces, aplicamos la sangre de Jesús sobre nuestros seres queridos con palabras llenas de fe. Declaramos: "En el nombre de Jesús, aplico la sangre de Jesús para cubrir a *(inserte el nombre de su ser querido)*", o "Aplico la sangre de Jesús sobre *(inserte el nombre de su ser querido)* y lo reclamo para el reino de Dios". Con cada aplicación de la sangre de Jesús, estamos marcando a nuestros seres queridos para Dios. Además, estamos resistiendo al adversario y sus estrategias para robar, matar y destruir. ¡La sangre de Jesús habla! Clama por misericordia.

HEBREOS 12:24 (AMPC)

Y a Jesús, el Mediador (Intermediario, Agente) de un nuevo pacto, y a la sangre rociada que habla [de misericordia], un mensaje mejor, más noble y más misericordioso que la sangre de Abel [que clamaba venganza].

Para que esto sea efectivo, necesitamos tener fe en la sangre de Jesús. Entonces, escuche sermones y enseñanzas y lea los versículos que revelan el poder sobrenatural en la sangre de Jesús. Al hacerlo, su fe crecerá y llenará sus palabras. Esas palabras llenas de fe proporcionan el "hisopo" o el método de aplicación.

MI SANGRE ES VERDADERA BEBIDA

Tenemos un arma espiritual en la sangre de Jesús. Por la fe en Su sangre, nos conectamos a un pacto que derrotará la destrucción en la vida de nuestros seres queridos. Nuestra fe en la sangre de Jesús nos motiva a magnificar la sangre y liberar su poder en nuestra situación.

Quiero compartir una de las actividades más importantes en las que podemos participar mientras defendemos la intervención: ¡la comunión! Cuando tomamos comunión sobre nuestro pacto con Dios, en ese momento, podemos liberar nuestra fe en que la sangre del Cordero de Dios, Jesucristo, está cubriendo a nuestros seres queridos, protegiéndolos del destructor. Podemos expresar nuestra confianza en que el precio de Su cuerpo quebrantado proporciona plenitud y restauración en el espíritu, alma y cuerpo de nuestros seres queridos.

Cuatro veces en Juan 6:53-56, Jesucristo se refiere a Su sangre y al sacrificio de Su cuerpo. Específicamente, Él se refiere a Su cuerpo como pan y a Su sangre como bebida. Esencialmente, Jesús está declarando: "Yo soy la cena de Pascua. Soy el Cordero cuya sangre fue aplicada para proteger y cuyo cuerpo fue destruido para proveer".

JUAN 6:53-56

Y Jesús les dijo:

*—De cierto, de cierto les digo que si **no comen la carne del Hijo del Hombre** y **beben su sangre**, no tienen vida en ustedes. El que **come mi carne** y **bebe mi sangre** tiene vida eterna, y yo lo resucitaré en el día final. Porque **mi carne** es verdadera comida, y **mi sangre** es verdadera bebida. El que **come mi carne** y **bebe mi sangre** permanece en mí, y yo en él.*

Jesús es enfático en cuanto al suministro espiritual disponible al recibir lo que su sangre derramada y su cuerpo quebrantado proporcionaron. La Edición Clásica Amplificada dice: «*Porque Mi carne es alimento verdadero y genuino, y Mi sangre es bebida verdadera y genuina*». En Mateo 26:27-28, Jesús dijo: «*... Beban de ella todos; porque esto es mi sangre del pacto, la cual es derramada para el perdón de pecados para muchos*». En

Juan 6:51, Él declaró: «*Yo soy el pan vivo que descendió del cielo;... El pan que yo daré por la vida del mundo es mi carne*».

Usted no tiene que esperar hasta que su iglesia brinde un servicio de comunión para liberar la vida y la restauración que brinda la comunión. Usted puede tomar la comunión en su tiempo de oración en casa y poner a trabajar el poder del sacrificio de Jesús. Con un poco de jugo y un pedazo de pan, usted puede abrir su Biblia en los versículos que registran las palabras de Jesús mientras celebraba la Pascua con sus discípulos y siga su ejemplo.

Mi porción favorita de las Escrituras para usar al recibir la comunión se encuentra en Primera de Corintios 11.

1 CORINTIOS 11:24-26 (NBLA)

y después de dar gracias, lo partió y dijo: «Esto es Mi cuerpo que es para ustedes; hagan esto en memoria de Mí». De la misma manera tomó también la copa después de haber cenado, diciendo: «Esta copa es el nuevo pacto en Mi sangre; hagan esto cuantas veces la beban en memoria de Mí». Porque todas las veces que coman este pan y beban esta copa, proclaman la muerte del Señor hasta que Él venga.

Cuando proclamo la muerte del Señor, proclamo mi victoria. Jesucristo pagó por nuestras vidas para ser rescatados: liberados de la destrucción de las tinieblas. Al recibir la sangre, doy gracias a Dios por el poder limpiador que pone a disposición para mis seres queridos. Me regocijo por el cuerpo quebrantado cuando me llevo la galleta o el pan a la boca y digo: "Te adoro, Señor, por la restauración de mi ser amado. Deseas restaurar lo que han hecho los años de adicción. ¡Quieres reconstruir sus vidas!".

SU ORACIÓN DE INTERVENCIÓN UNA ORACIÓN DE COMUNIÓN

Dios Padre, me acerco a Tu trono en el nombre de Jesús. Vengo en nombre de *(inserte el nombre de su ser querido)*. Yo lo reclamo para Tu reino como mi herencia del pacto. Padre, vengo ante Ti con los elementos de la comunión para dar honor al cuerpo quebrantado del Señor Jesucristo y Su sangre derramada.

Al recibir el pan:

Jesús dijo: «*Tomen, coman. Esto es mi cuerpo que por ustedes es partido. Hagan esto en memoria de mí*». Honro el cuerpo quebrantado del Señor Jesucristo. «*Él llevó nuestras enfermedades (dolores, debilidades y angustias) y llevó nuestras tristezas y dolores [de castigo]*» (Isaías 53:4 AMPC). «*Él fue herido por nuestras transgresiones, molido por nuestras culpas e iniquidades; el castigo [necesario para obtener] paz y bienestar para nosotros fue sobre Él, y con las llagas [que lo hirieron] fuimos sanados y hechos completos*» (Isaías 53:5 AMPC). Libero el poder de restaurar cada parte rota de *(inserte el nombre de su ser querido)* y proclamo libertad de la vergüenza para aplicarla a la vida de *(inserte el nombre de su ser querido)*.

Al recibir el jugo:

Jesús dijo: «*Esta copa es el nuevo pacto en mi sangre. Hagan esto todas las veces que la beban en memoria de mí*». Honro la sangre de Jesucristo que fue derramada en la cruz. Esta sangre limpia y redime porque la vida de Jesús está en esta sangre. Aplico la sangre de Jesús sobre la mente, la voluntad y las emociones de *(inserte el nombre de su ser querido)*. Te pido

que su mente sea libre para pensar, elegir y sentir sin ninguna influencia demoníaca. Libero el poder redentor de esta sangre para proteger a *(inserte el nombre de su ser querido)* de impulsos suicidas y pensamientos de autolesión. Dejo que esta sangre envíe una señal de que *(inserte el nombre de su ser querido)* está fuera del alcance del destructor. Debido a esta sangre, ningún arma forjada contra *(inserte el nombre de su ser querido)* prosperará. Gracias por la sangre de Jesús derramada en la cruz para liberar a *(inserte el nombre de su ser querido)* de la esclavitud del pecado. El pecado no tiene ningún dominio sobre *(inserte el nombre de su ser querido)*. ¡Creo que él/ella percibirá esa verdad y caminará en ella!

EDIFIQUE SU FE

COLOSENSES 1:14

En quien tenemos redención, el perdón de los pecados.

1 PEDRO 1:19

Sino con la sangre preciosa de Cristo como de un cordero sin mancha y sin contaminación.

HEBREOS 9:11-14

Pero estando ya presente Cristo —el sumo sacerdote de los bienes que han venido, por medio del más amplio y perfecto

tabernáculo no hecho de manos; es decir, no de esta creación—entró una vez para siempre en el lugar santísimo logrando así eterna redención, ya no mediante sangre de machos cabríos ni de becerros sino mediante su propia sangre. Porque si la sangre de machos cabríos y de toros, y la ceniza de la vaquilla rociada sobre los impuros, santifican para la purificación del cuerpo, ¡cuánto más la sangre de Cristo, quien mediante el Espíritu eterno se ofreció a sí mismo sin mancha a Dios, limpiará nuestra conciencia de las obras muertas para servir al Dios vivo!

HEBREOS 10:19-22 (PDT)

Entonces, hermanos, podemos entrar con toda libertad al Lugar Santísimo gracias a la sangre que Jesús derramó. Jesús abrió un camino nuevo para nosotros a través de la cortina. Él mismo es ese camino nuevo y vivo. Es decir, lo abrió ofreciendo su propio cuerpo como sacrificio. El gran sacerdote que tenemos reina sobre la casa de Dios. Nos ha limpiado y liberado de toda culpa, y ahora nuestro cuerpo está lavado con agua pura. Entonces acerquémonos a Dios con un corazón sincero, seguros de la fe que tenemos.

SOSTENGA LA ESPADA DEL ESPÍRITU EN SU BOCA

Para ser eficaz en la batalla, la espada del Espíritu debe estar en su boca. Si usted no está hablando, no está resistiendo. Si solo está pensando en una Escritura, no está resistiendo activamente. El adversario no abandonará la situación porque esté pensando o esperando. ¡Tiene que decir algo!

Según la Biblia, si tenemos el espíritu de fe, ¡declaramos lo que creemos!

2 CORINTIOS 4:13

Sin embargo, tenemos el mismo espíritu de fe conforme a lo que está escrito: Creí; por lo tanto hablé. Nosotros también creemos; por lo tanto también hablamos.

Cuando haga oraciones de intervención, incluya la Palabra en la conversación con Dios *y* en las palabras que dice para resistir al diablo.

HEBREOS 4:12

*Porque la Palabra de Dios es viva y eficaz, y **más penetrante que toda** espada de dos filos....*

La Palabra de Dios es la espada del Espíritu. Ningún informe adverso o negativo puede derrotarnos cuando luchamos contra eso con la espada del Espíritu porque la Palabra de Dios es la espada más afilada en el campo de batalla.

¿Dónde opera la espada del Espíritu? ¡Funciona en la boca! Cuando está llena de fe, su boca se moverá. Si su boca no se mueve, su fe todavía está en la etapa de desarrollo o de ser establecida en su corazón. No caiga bajo condenación. Simplemente continúe hablando la Palabra hasta que venga la fe. Cuando eso suceda, la fe saldrá de su boca.

Si no está acostumbrado a oírse a sí mismo declarar la Palabra de Dios, ¡se tiene que acostumbrar! Obligase a empezar a hablar en voz alta. La fe es verbal. Jesús resistió al enemigo, mostrándonos la manera correcta de resistir. Él no resistió el ataque de Satanás con habilidad mental o fuerza emocional. El Señor abrió Su boca y habló versículos del Libro de Deuteronomio para azotar al diablo (Lucas 4:1-13). Hoy en día, tenemos Efesios, Colosenses, Primera y Segunda de Corintios, Gálatas, etc., que podemos usar para resistir al diablo.

Pero si no está hablando las Escrituras para responder a las tentaciones o ataques del adversario, no está resistiendo. El poder de la Palabra sólo se libera cuando ponemos las Escrituras en nuestro corazón y las declaramos con la boca. Por ejemplo, si Jeremías 46:27 se deposita constantemente en su corazón, usted tendrá una provisión de fe que el Señor salvará a su descendencia de la tierra de su cautiverio. Liberará la fe en sus palabras de que ellos volverán y estarán tranquilos y en paz. A medida que usted aprenda a orar oraciones de intervención, debe estar preparado para usar la espada del Espíritu para resistir las estrategias de Satanás.

ORE DE NUEVO

El Espíritu Santo es nuestro Ayudador en esta intervención. Él sabe exactamente lo que funcionará para ayudar a nuestro ser querido a ver la luz y caminar libre de destrucción. Cuando usted ora, necesita Su dirección y perspicacia.

EFESIOS 6:18

Orando en todo tiempo en el Espíritu con toda oración y ruego, vigilando con toda perseverancia y ruego por todos los santos.

En intercesión, el Señor puede guiarle a orar por algunas cosas más de una vez. Por ejemplo, puede tomar autoridad sobre la ceguera mental del enemigo una y otra vez. No significa que la primera oración no funcionó. Es posible que su ser querido haya cedido repetidamente al pensamiento o la influencia equivocada desde la primera vez que oró. La próxima semana, el Señor puede guiarlo a decir lo mismo porque el enemigo ha atacado de nuevo. Necesitamos seguir la guía del Espíritu Santo y reconocer que puede haber alguna repetición en la oración de intercesión.

Yo utilizo las oraciones en Efesios, capítulos uno y tres, y Colosenses, capítulo uno. Son oraciones inspiradas por el Espíritu Santo. Las oro regularmente y las adapto para que se apliquen a la persona por la que estoy orando. Por ejemplo, yo diría: "Ruego que los ojos del entendimiento de mi hijo sean iluminados y completamente inundados de luz. Para que sepa cuál es la anchura, la longitud, la altura, y la profundidad del amor de Dios que hay en Cristo Jesús. Padre, oro para que abras los ojos de su entendimiento. Padre, oro para que sea fortalecido con fuerza por Tu Espíritu en su hombre interior. Que llegue a saber cuáles son las riquezas

de la gloria en la herencia de los santos". Esas son cosas que se pueden orar una y otra vez, y no es una falta de fe repetir esas oraciones.

FIRME EN SU DECLARACIÓN DE FE

MARCOS 5:22-23

Y vino uno de los principales de la sinagoga, llamado Jairo. Cuando lo vio, se postró a sus pies y le imploró mucho diciendo:

—Mi hijita está agonizando. ¡Ven! Pon las manos sobre ella para que sea salva y viva.

Cuando Jairo se encontró con Jesús, hizo una declaración de fe que se convirtió en una conexión con su respuesta. Jairo dijo: *«Pon las manos sobre ella para que sea salva y viva»*. Las palabras llenas de fe de Jairo actuaron como una cuerda o lazo envuelto alrededor de la respuesta para tirar de ella en su dirección. Su declaración funcionó como un cable eléctrico que llevó la corriente del poder sanador de Dios a la vida de su hija. Pero cuando la situación empeoró, Jairo tuvo que aferrarse a la declaración de fe y permanecer conectado a la promesa.

Si ha estado defendiendo a alguien en adicción o en un estilo de vida destructivo, probablemente ya haya experimentado momentos como los que enfrentó Jairo. Tal vez recibió una llamada telefónica diciéndole que su ser querido está en la cárcel. Tal vez acaba de descubrir a qué tipo de droga es adicto su hijo o que se ha estado cortando o planeando suicidarse.

Cualquiera que sea el informe, no podemos permitir cambiar nuestra posición de fe. Hay una razón por la que el Nuevo Testamento está lleno

de instrucciones para *"retener"*. La Biblia nos dice que mantengamos un agarre firme de la declaración o profesión de nuestra fe.

HEBREOS 10:23

Retengamos firme la confesión de la esperanza sin vacilación porque fiel es el que lo ha prometido.

Usted debe mantener las palabras de fe, la espada del Espíritu, en su boca. Sus palabras llenas de fe mantienen la conexión con el suministro de poder de Dios, pero cuando comienza a hablar de acuerdo con el problema, rompe la conexión.

En Hebreos 10:23, tenemos una base para nuestra firme declaración: ¡Dios es fiel! Debido a que Aquel que prometió es firme y digno de confianza, no tenemos que cambiar lo que creemos o el acuerdo que declaramos. No importa cómo se vea, Dios es fiel.

HEBREOS 4:14

Por tanto, teniendo un gran sumo sacerdote que ha traspasado los cielos, Jesús el Hijo de Dios, retengamos nuestra confesión.

Aquí hay información adicional sobre por qué debemos mantener nuestra declaración de fe. Tenemos representación a la diestra de Dios. Jesús es nuestro Sumo Sacerdote. Él recibe nuestras palabras llenas de fe, las registra como evidencia de nuestra fe y libera Su poder para llevarlas a cabo.

Jairo esperó pacientemente mientras Jesús le ministraba a una mujer que había estado irremediablemente enferma por doce años. Durante el tiempo que esperó, su pequeña niña murió (Marcos 5:35). Parecía que había perdido toda la esperanza.

Pero Jesús escuchó el informe e inmediatamente le habló, diciendo: *«No temas, solo cree»* (Marcos 5:36). ¡La fe todavía está conectada! ¡No es inútil!

No caminamos por vista ni basamos nuestras decisiones en la evidencia del conocimiento sensorial porque esto nos hará elegir la derrota. Cualquier cosa que podamos ver, sentir o pensar ésta en el reino temporal. Recuerde, hay una diferencia entre las cosas que son temporales y las cosas que son eternas.

2 CORINTIOS 4:18

No fijando nosotros la vista en las cosas que se ven sino en las que no se ven; porque las que se ven son temporales, mientras que las que no se ven son eternas.

Hemos aprendido que *temporal* significa temporario o sujeto a cambio. Por lo tanto, la situación está sujeta a cambio. De manera que, no podemos permitir que las condiciones temporales determinen nuestras decisiones, pensamientos u oraciones.

La fe de este padre rescató a su hija de la muerte. Sin la fe que Jairo trajo a la mesa, Jesús habría estado limitado en lo que podía lograr. ¡La fe es la conexión!

SU ORACIÓN DE INTERVENCIÓN

Padre, en el nombre de Jesús, elijo enfocarme en Tu Palabra. La situación temporal no me moverá. Estoy fuertemente conectado con Tu promesa. Ya he hecho mi conexión de fe para la salvación de *(inserte el nombre de su ser querido)*. Me niego a temer y preocuparme. En cambio, mantengo mi enfoque en la promesa declarando Tu Palabra y alabándote.

Oro el Salmo 90:16: «*Sea manifestada tu obra a tus siervos y tu esplendor sobre sus hijos*». Deja que Tu obra de salvación sea revelada a *(inserte el nombre de su ser querido)*. Atráele a Jesucristo por Tu Espíritu Santo. Ruego que pueda obtener la salvación que está en Cristo Jesús con gloria eterna (2 Timoteo 2:10). Pido un derramamiento de Tu Espíritu Santo sobre la vida de *(inserte el nombre de su ser querido)* que se sature con Tu paz, alegría y amor. Deja que Tus caminos sean dados a conocer.

¡Te doy gracias, Dios! Tu bondad no se apartará de *(inserte el nombre de su ser querido)* (Isaías 54:10). Tú eres el Señor que tiene misericordia de *(inserte el nombre de su ser querido)*, y Tu pacto de paz no será quitado de su vida.

Señor, haz que el engaño satánico sea revelado y deja que la verdad sea honrada en la vida de *(inserte el nombre de su ser querido)*. Yo envío la luz de la Palabra de Dios a la mente de *(inserte el nombre de su ser querido)* para iluminar la verdad de la Palabra de Dios. Te agradezco, Padre, que camina en la luz como Tú estás en la luz.

EDIFIQUE SU FE

JEREMÍAS 17:7-8

Bendito el hombre que confía en el SEÑOR, y cuya confianza es el SEÑOR. Será como un árbol plantado junto a las aguas y que extiende sus raíces a la corriente. No temerá cuando venga el calor, sino que sus hojas estarán verdes. En el año de sequía no se inquietará ni dejará de dar fruto.

2 SAMUEL 22:31-37 (AMPC)

En cuanto a Dios, Su camino es perfecto; la Palabra del Señor es probada. Él es un escudo a todos aquellos que confían y se refugian en Él.

¿Quién es Dios sino el Señor? ¿Y quién es Roca sino nuestro Dios? Dios es mi fortaleza fuerte. Él guía al inocente en su camino y lo libera. Él hace mis pies como los del venado [firmes y capaces]; Él me pone seguro y confiado en las alturas. Él entrena mis manos para la guerra; de modo que mis brazos puedan doblar un arco de bronce. También me has dado el escudo de Tu salvación, y Tu condescendencia y gentileza me han hecho grande. Has ampliado mis pasos debajo de mí, para que mis pies no resbalen.

SALMOS 18:2

El SEÑOR es mi roca, mi fortaleza y mi libertador.

Mi Dios es mi peña; en él me refugiaré. Él es mi escudo, el poder de mi liberación y mi baluarte.

CONFÍE QUE DIOS ESTÁ OBRANDO

Usted debe renovar su mente según las instrucciones espirituales que Dios provee con respecto a nuestra posición de fe y la oración. No consultemos primero la mente, y luego revisemos nuestro espíritu. Más bien, aprenda a caminar guiado por el Espíritu Santo en su interior. Ande en el Espíritu y no se rinda a deseos, ansias y lujurias de la carne. Mientras toma una posición defensiva contra las fuerzas que están tratando de destruir a su ser querido, examine la condición de su corazón.

La situación puede parecer desesperada. Es posible que vea evidencia de su participación en drogas o pandillas. Es posible que haya notado heridas en sus brazos por inyectarse drogas o hacerse daño. Es posible que los esté viendo beber incontrolablemente. Cualquiera que sea el caso, la preocupación es real. ¡Sabemos que esto no puede continuar!

¡Pero no ore en pánico! Las oraciones deben estar llenas de la Palabra, no de preocupación. Las oraciones llenas de preocupación obstaculizan a Dios, mientras que las oraciones llenas de la Palabra abrirán el camino para que Dios obre en la vida de su ser querido.

La preocupación es una actividad en la que no podemos permitirnos participar por varias razones. En primer lugar, ¡la preocupación es inútil! Jesús explicó que la preocupación nunca cambiaría la situación.

MATEO 6:25-27

Por tanto les digo: No se afanen por su vida, qué han de comer o qué han de beber; ni por su cuerpo, qué han de vestir. ¿No es la vida más que el alimento, y el cuerpo más que el vestido? Miren las aves del cielo, que no siembran ni siegan ni recogen en graneros; y su Padre celestial las alimenta. ¿No son ustedes de mucho más valor que ellas? ¿Quién de ustedes podrá, por más que se afane, añadir a su estatura un milímetro?

En segundo lugar, la preocupación ahoga la cosecha de la Palabra de Dios. Jesús dejó esto claro en la parábola del sembrador.

MARCOS 4:18-19

*Y otros son los que son sembrados entre espinos. Ellos son los que oyen la palabra, pero las **preocupaciones** de este mundo, el engaño de las riquezas y la codicia de otras cosas se entrometen **y ahogan la palabra**, y queda sin fruto.*

En tercer lugar, la preocupación es una forma de miedo que debilita nuestra capacidad para creer. El temor y la anticipación del peor escenario posible son herramientas que el enemigo usa para drenar nuestra fe.

LUCAS 21:26 (AMPC)

Hombres que se desmayan o mueren de miedo, pavor, aprensión y expectativa de las cosas que vienen al mundo....

El creyente está diseñado para meditar en la Palabra de Dios y construir una imagen de esperanza de que la promesa de Dios se cumplirá. La Biblia Knox dice: «*¿Qué es la fe? Es lo que da sustancia a nuestras* *esperanzas...»* (Hebreos 11:1). Cuando usted tiene expectativas producidas por la Palabra de Dios, la fe las manifestará. Pero cuando meditamos en pensamientos llenos de preocupación, nos causan temor, lo cual es una esperanza negativa. Si esperamos lo peor, el miedo da sustancia a eso que tememos.

El espíritu nacido de nuevo nunca lo obligará a preocuparse. Si tiene el hábito de preocuparse es porque está en la carne. A la carne le encanta preocuparse. ¡Pero tenemos instrucciones de crucificar la carne! Gálatas 5:24 dice: *«Porque los que son de Cristo Jesús han crucificado la carne con sus pasiones y deseos»*.

Dios sabe cuán grave es la situación en la vida de su ser querido. Él sabe más que usted porque Él ve todo lo que se ha hecho en secreto. Nuestra responsabilidad consiste en alimentarnos de las promesas de Dios, interceder en fe y esperar que Dios obre ahí donde no lo vemos.

CREER EN ESPERANZA

Abraham es considerado como el "padre de la fe" y un "amigo de Dios", pero eso no es lo que más me anima acerca de Abraham. Cuando yo pienso en que Abraham tuvo que estar firme y creer contra la adversidad de lo que podía ver, eso me anima a creer.

ROMANOS 4:18 (RVR1960)

Él creyó en esperanza contra esperanza, para llegar a ser padre de muchas gentes, conforme a lo que se le había dicho: Así será tu descendencia.

Según este versículo, Abraham creyó «*conforme a lo que se le había dicho*». No creyó la circunstancia. La evidencia natural decía que era imposible para Abraham tener un hijo con Sara. Ambos habían pasado la edad de tener hijos, ¡y Sara nunca había podido tener un hijo!

Cuando contemplamos un problema se hace más grande en nuestra percepción hasta que las cosas empiezan a verse desesperadas. Romanos 4:18 usa la frase «*Él creyó en esperanza contra esperanza*» para describir la lucha de Abraham con su percepción. Su situación no le ofrecía ninguna esperanza, así que Abraham tuvo que recurrir a Dios en busca de esperanza. Encontró su esperanza en las palabras de Dios: «*Así será tu descendencia*».

La Biblia dice que Abraham «*no se debilitó en la fe*». ¿Usted sabe lo que debilita la fe? Cuando considera sus circunstancias o las circunstancias que rodean a su ser querido, eso deteriora su fe.

ROMANOS 4:19 (RV1960)

Y no se debilitó en la fe al considerar su cuerpo, que estaba ya como muerto (siendo de casi cien años), o la esterilidad de la matriz de Sara.

¿Acaso no dijo la Biblia que su cuerpo estaba muerto? ¡Sí! Pero Abraham no tomó esa realidad en consideración. ¿Alguna vez ha visto lo que su ser querido está haciendo y ha dicho: "¡Esto es inútil!" o "¡Esta situación es irreparable!" Si es así, sabe bien lo que significa considerar la circunstancia. Mejor considere la Palabra de Dios, Sus promesas y su pacto con Dios. La Palabra de Dios es la verdad que está instituida y establecida en el cielo.

Las personas que se destruyen a sí mismas afectan a toda la familia. ¿Cómo impide tambalearse cuando la adicción es tal que están quitándole

los niños? ¿Cómo se enfoca en la promesa cuando la anorexia es tal que todo lo que puede ver son los huesos pegados a la piel de su hija? ¿Cómo mantiene sus pensamientos en línea con la Palabra de Dios cuando se dirige a la estación de policía a las 3:00 de la mañana para recoger a su hijo adolescente?

No le estoy diciendo que esto será "pan comido". Pero andar por fe es una alternativa mejor a darse por vencido y permitir que la destrucción continúe sin resistencia.

Abraham "no se tambaleó" ante la promesa de Dios. Usted, al igual que Abraham, puede andar en fe y llegar a estar plenamente persuadido. Aparte sus ojos del problema y mire la promesa. Se puede ser fuerte en la fe si nos enfocamos en la solución: ¡la Palabra de Dios!

SU ORACIÓN DE INTERVENCIÓN

Tu Palabra me instruye a renovar mi mente, y me comprometo a hacerlo. Derribaré la imaginación de la pérdida, la derrota y el fracaso. Arrestaré cualquier pensamiento que el enemigo traiga para oprimirme. Pondré intencionalmente Tus pensamientos y verdades en mis pensamientos para ver las cosas a Tu manera.

Dijiste en Isaías 55:9: «*Como son más altos los cielos que la tierra, así mis caminos son más altos que sus caminos, y mis pensamientos más altos que sus pensamientos*». Padre celestial, acepto Tus caminos y pensamientos más altos. Mientras medito en Tu Palabra, construye en mí una imagen interior de Tu promesa. Ayúdame a desarrollar esa imagen en un video

espiritual que pueda poner en mi imaginación, mostrándome cómo será la vida de *(inserte el nombre de su ser querido)* según Tu plan.

Resisto al enemigo en el nombre de Jesús y ordeno a cada fuerza demoníaca que detenga sus operaciones contra la mente de *(inserte el nombre de su ser querido)*. Las mentiras, el engaño y el razonamiento deben ser deshechos y eliminados. Declaro que los razonamientos de las personas impías son expuestos a *(inserte el nombre de su ser querido)* para que vean el error y la maldad en esas ideas.

EDIFIQUE SU FE

ISAÍAS 55:7

Deje el impío su camino, y el hombre inicuo sus pensamientos. Vuélvase al SEÑOR, quien tendrá de él misericordia; y a nuestro Dios, quien será amplio en perdonar.

SALMOS 22:5

Clamaron a ti, y fueron librados; confiaron en ti, y no fueron defraudados.

1 JUAN 4:18 (NTV)

En esa clase de amor no hay temor, porque el amor perfecto expulsa todo temor. Si tenemos miedo es por temor al castigo,

y esto muestra que no hemos experimentado plenamente el perfecto amor de Dios.

JOB 23:14 (RV1960)

Él, pues, acabará lo que ha determinado de mí; Y muchas cosas como estas hay en él.

DIOS NUNCA CAMBIA

Debemos permitir que la Palabra de Dios nos revele Su carácter porque muchos de Sus rasgos están más allá de la comprensión. Por ejemplo, Dios no cambia. Al hablar de sí mismo, Dios dijo: *«Porque yo soy el SEÑOR, no cambio...»* (Malaquías 3:6 AMPC). Ya que nunca hemos conocido a alguien que no cambie, debemos renovar nuestras mentes para entender Su naturaleza inmutable.

SANTIAGO 1:17

*Toda buena dádiva y todo don perfecto proviene de lo alto y desciende del Padre de las luces en quien **no hay cambio** ni sombra de variación.*

¿Qué significa la frase *«no hay cambio ni sombra de variación»*? Comparemos algunas otras traducciones:

- (WET) *«... no se proyecta ninguna sombra por el movimiento de giro».*
- (TLA) *«Dios nunca cambia. Fue Dios quien creó todas las estrellas del cielo, y es quien nos da todo lo bueno y todo lo perfecto».*
- (DHH) *«... en él no hay variaciones ni oscurecimientos».*
- (WNT) *«... ni la menor sugerencia de cambio».*

- (NTV) *«... Él nunca cambia ni varía como una sombra en movimiento».*

Cuando nos cuesta trabajo confiar en las personas, generalmente se debe a la falta de estabilidad de esa persona, o porque hemos confiado anteriormente en alguien que no era digno de confianza.

Pero no podemos orar por un ser querido si no confíamos completamente en que Dios nos ayudará. Debemos desarrollar confianza en Dios, en Su Palabra y Sus caminos. La clave vital para confiar es enfocarnos en el carácter de Dios.

SALMOS 89:2 (AMPC)

Porque he dicho: la misericordia y la bondad serán edificadas para siempre; Tu fidelidad establecerás hasta los mismos cielos (inmutable y perpetua).

Por naturaleza, Dios está lleno de misericordia y bondad. Su fidelidad hacia nosotros es inmutable. Necesitamos alimentarnos de versículos que retratan el carácter de Dios hasta que el conocimiento de cómo Él responderá esté incorporado en nuestros corazones.

ISAÍAS 26:3-4 (RV1960)

*Tú guardarás en completa paz a aquel cuyo pensamiento en ti persevera; porque en ti ha confiado. Confiad en Jehová perpetuamente, porque en Jehová el Señor está la **fortaleza de los siglos.***

En el Antiguo Testamento, la palabra *fortaleza* en el versículo cuatro se traduce 64 veces como *roca* y sólo cinco veces como *fortaleza*. La Edición Clásica de la Biblia Amplificada dice: «*porque el Señor Dios es una Roca eterna [la Roca de los Siglos]*». ¡Grandes beneficios están disponibles para aquellos que conocen a Dios como su Roca!

2 SAMUEL 22:32-33

Porque, ¿quién es Dios fuera del SEÑOR? ¿Quién es Roca fuera de nuestro Dios? Dios es el que me ciñe de vigor, y hace perfecto mi camino.

Cuando contemplamos a Dios como nuestra Roca, tenemos acceso a Su fuerza y poder. Él se involucra en nuestra decisión diaria y abre el camino.

1 SAMUEL 2:2

No hay santo como el SEÑOR, porque no hay ninguno aparte de ti; no hay roca como nuestro Dios.

El Señor está en un rango y categoría por sí solo. Nada se compara con la habilidad, la fuerza y el poder de Dios. ¡Nuestra Roca inigualable!

2 SAMUEL 22:2-3

El SEÑOR es mi roca, mi fortaleza y mi libertador. Dios es mi peña; en él me refugiaré. Él es mi escudo, el poder de mi liberación, mi baluarte, mi refugio y mi salvador. Tú me salvas de la violencia.

Cuando declaro: "Dios es mi Roca", transmito una señal de alerta a todos los ángeles para que trabajen contigo y a todos los demonios para que se retiren. De la misma manera que el Salmo 91:2 declara: *«Yo diré del Señor», nosotros* autorizamos a Dios verbalmente a ser la Roca de los Siglos. Ponga esta declaración de fe en su alabanza. El Salmo 18:46 dice: *«¡Viva el SEÑOR! ¡Bendita sea mi Roca! Sea ensalzado el Dios de mi salvación»*.

Debido a que Dios es inmutable en Su naturaleza, usted puede confiar en Él para que lo ayude a alcanzar a sus seres queridos. Su amor y compasión por lo que están pasando es mayor que lo que usted siente por ellos. Así que, ¡corra a la Roca Eterna!

SU ORACIÓN DE INTERVENCIÓN

En el nombre de Jesús, me acerco a Tu trono de gracia para recibir ayuda en este tiempo de necesidad. Me doy cuenta de que sabes más sobre la condición de *(inserte el nombre de su ser querido)* que yo. No necesito decirte lo mal que se ven las cosas o cómo me siento acerca de esta situación. Ni siquiera necesito permitir que esas cosas estén en mis pensamientos.

Por lo tanto, pongo mi carga sobre ti en obediencia a Primera de Pedro 5:7. ¡No me preocuparé! ¡No temeré! Pero edificaré mi fe en Tu promesa de salvar a mi ser querido y Tu voluntad de rescatar a las personas en esclavitud. Si vuelvo a caer en la preocupación, te pido que me lo muestres. Ayúdame a mantener vigilancia sobre mis pensamientos y palabras. Ayúdame a hablar y pensar de acuerdo con las oraciones que he orado.

Te pido que me muestres cosas específicas para orar por *(inserte el nombre de su ser querido)*. Según Juan 16:13, el Espíritu Santo me guiará a la verdad y me mostrará las cosas por venir. Te pido que me muestres los versículos que puedo usar para tomar una posición contra la esclavitud en la vida de *(inserte el nombre de su ser querido)*. Fortalece mi entendimiento acerca de la autoridad que tengo en el nombre de Jesús. Ayúdame a conocer el poder liberado cuando hablo Tu Palabra. Ayúdame a enfocarme en Tu amor por mí y el amor que tienes por *(inserte el nombre de su ser querido)*.

Te abro mi corazón. Elijo confiar en Ti para la salvación y la completa libertad de *(inserte el nombre de su ser querido)*. Te alabo de antemano por lo que vas a hacer en la vida de *(inserte el nombre de su ser querido)*. ¡Gracias por tu fidelidad!

EDIFIQUE SU FE

HEBREOS 4:16 (PDT)

Entonces, acerquémonos con confianza al trono de Dios que es generoso. Allí recibiremos su compasión y su bondad para ayudarnos cuando lo necesitemos.

ISAÍAS 54:13 (MSG)

Todos tus hijos tendrán a Dios por maestro — que mentor para tus hijos.

2 PEDRO 3:9 (AMPC)

El Señor no tarda y no es tardío o lento sobre lo que promete, según la concepción que algunas personas tienen de la lentitud, sino que es paciente (extraordinariamente paciente) hacia usted, no deseando que ninguno perezca, sino que todos se vuelvan al arrepentimiento.

1 PEDRO 5:7 (AMPC)

Echando todo su cuidado [todas sus ansiedades, todas sus preocupaciones, todas sus inquietudes, [de una vez por todas] en Él, porque Él le cuida con afecto y le cuida vigilantemente.

UNA HISTORIA DE
INTERVENCIÓN

DIOS IRÁ AL
OTRO EXTREMO

Dios hará un esfuerzo adicional para responder a nuestras oraciones de intervención; además, Él también puede ser muy creativo. A Benjamín le dieron de baja del centro de rehabilitación y empezó a asistir a una iglesia. El Señor comenzó a restaurar el matrimonio de Ben, de manera que su esposa e hijos se mudaron para estar con él. Tomó un trabajo con una empresa local que hacía diseño de jardines; comenzó a prosperar porque Dios estaba reconstruyendo la vida de Ben.

Pero un día, Ben recayó y se gastó todo el sueldo en drogas. Su esposa estaba frenética porque él había retirado todo el dinero de sus cuentas y se desapareció. ¡Andaba en borracheras y drogas!

Cuando su esposa llamó, sus pastores oraron con ella, pidiéndole a Dios que interviniera y le hablara a Ben para que volviera a casa. Oraron para que Dios le diera un llamado de atención.

Ben terminó en una casa de crack en uno de los peores sectores de Kansas City, Kansas. Era un área donde su iglesia había llevado a cabo un alcance evangelístico, distribuyendo volantes y grabaciones con sermones de su pastor. La persona que vivía en la casa de crack había recibido un cassette durante nuestro alcance meses antes y lo usó para grabar música de la radio. Cuando grabaron la música sobre la predicación, no llegaron al final de la grabación, de manera que cuando la música grabada se detuvo, se podía oír el resto del sermón.

En un instante, Ben estaba fumando su pipa de crack, mientras escuchaba música y bailaba al ritmo del rock, cuando de pronto, la música terminó. ¡Y la voz de su pastor comenzó a predicar! ¡Qué momento para "venir a Jesús"! Ben cuenta que la borrachera se le quitó inmediatamente. ¡Fue tanta la sacudida que se arrepintió en el acto y se fue a casa!

Dios respondió la llamada de esa joven esposa al 911 pidiendo la intervención de Dios. Su oración abrió la puerta para que Dios alcanzara a

Ben con una llamada de atención sobrenatural. Se despachó la orden de rescate a la escena porque alguien hizo la llamada que activó el poder de Dios. ¡Cada vez que llamamos, Dios envía ayuda!

CÓMO MANTENERSE EN PIE HASTA QUE...

"¿Está respirando?". El operador del 911 ya estaba dando instrucciones paso a paso en la pantalla de la computadora para guiar a la persona a realizar RCP.

"¡No! ¡No respira! ¡Necesito AYUDA! ¡Por favor envíe AYUDA!". La histeria comenzó a estallar cuando la madre de la mujer se dio cuenta de que ella era la única presente para ayudar a su hija. *¿Cómo voy a hacer esto? ¡No sé dar RCP! ¡Estoy aquí sola!*

La voz tranquila y autoritaria la devolvió a la realidad. "Mantenga la calma. La ambulancia está en camino. Vamos a empezar a administrar RCP hasta que lleguen. Le diré cómo, pero NECESITO que haga esto".

Sosteniendo el teléfono entre el hombro y la cabeza, la anciana madre siguió las instrucciones del operador. Se colocó sobre el cuerpo sin vida de su hija y puso sus delgadas manos sobre el esternón, según las instrucciones. Comenzó las compresiones con el conteo rítmico de la voz del operador del 911 guiándola.

Los minutos parecían prolongarse sin cambios. Cinco minutos. Ocho minutos. *¿Cuánto tiempo más hasta que llegue la ambulancia?* Diez minutos. Le dolían los brazos y los hombros. Sus pulmones ardían. El sudor mezclado con sus lágrimas de frustración goteaban de su rostro, y caían sobre las mejillas de su hija mientras continuaba con las compresiones.

La operadora contaba: "…15-16-17-18-19-20…".

"¿Dónde están? ¡Esto no está funcionando! ¡No puedo hacer esto por mucho más tiempo!". La mujer le suplicó al operador del 911.

"Señora. Lo está haciendo muy bien. La ayuda está en camino. DEBE-MOS continuar hasta que alguien llegue para hacerse cargo de usted. No se rinda…". El operador continuó dirigiendo la mujer a administrar el tratamiento que salvó la vida de su hija. Al recordar ese día, se sentía tan agradecida por la voz al otro lado de la línea telefónica que le insistió en perseverar lo que parecía imposible.

La intervención de su ser querido puede no ocurrir de la noche a la mañana. Pero, ¿continuará firme si los días se convierten en semanas y las semanas en años? No le estoy diciendo *que espere* una eternidad, pero prepárese para estar firme hasta que suceda. Construya la resistencia para mantener la fe fluyendo todo el tiempo que sea necesario. Jesús quiere que construyamos resistencia espiritual y determinación.

El Señor usó el ejemplo de una viuda que se acercó a un juez injusto para pedirle su intervención.

LUCAS 18:1 (AMPC)

También [Jesús] les contó una parábola en el sentido de que siempre debían orar y no volverse cobardes (desmayarse, desanimarse o darse por vencidos).

La viuda fue al juez injusto con determinación y negándose a aceptar la derrota. El juez injusto finalmente le concedió la petición porque sabía que ella seguiría viniendo.

LUCAS 18:2-8 (AMPC)

Dijo: «Había en cierta ciudad un juez que ni reverenciaba no temía a Dios, ni respetaba no consideraba al hombre. Y había en aquella ciudad una viuda que venía a él y le decía: "Protégeme y defiéndeme y dame justicia contra mi adversario".

Y por un tiempo no lo hizo; pero luego se dijo a sí mismo: Aunque no tengo reverencia ni temor a Dios, ni respeto ni consideración al hombre, aún porque ésta viuda sigue molestándome, la defenderé y protegeré y vengaré; no sea que me de la irritación intolerable y me agote por su llegada continua o al final venga y me insulte o me agreda o me estrangule».

Entonces el Señor dijo: «¡Escuchen lo que dice el juez injusto! ¿Y no [nuestro justo] Dios defenderá, protegerá y vengará a Su electo (Sus elegidos) que claman a Él día y noche? ¿Les aplazará y retrasará la ayuda de su parte? Les digo, que Él los defenderá, protegerá y los vengará rápidamente. Sin embargo, cuando venga el Hijo del Hombre, ¿hallará [la persistencia en] fe en la tierra?».

Jesús hizo un contraste entre el juez injusto y nuestro Padre Celestial con énfasis en la fidelidad de Dios. Jesús también declaró que Dios respondería a nuestras oraciones rápidamente.

Muchas personas toman la frase «*... sus escogidos que claman a Él del día y noche*» en el sentido de que estamos clamando una y otra vez sobre lo mismo, esperando que Él responda. Ese concepto transmite una imagen diferente a la que la Escritura nos muestra.

Por ejemplo, Isaías 59:1 dice: «*He aquí que la mano del SEÑOR no se ha acortado para salvar, ni su oído se ha ensordecido para oír*». El Salmo

34:15 dice: «*Los ojos del Señor están sobre los justos, y sus oídos están atentos a su clamor*». En el Salmo 34:17, la Biblia revela: «*Clamaron los justos, y el Señor los oyó, los libró de todas sus angustias*». Jesús enseñó en Juan 16:24 (AMPC) que debemos «*pedir y seguir pidiendo*», para que nuestro «*gozo (alegría, deleite) sea pleno y completo*».

Clamamos a Dios cada vez que surge una necesidad, y Él responde continuamente a nuestro clamor. En otras palabras, no se abstenga de pedir la ayuda de Dios solo porque le pidió ayuda anoche. Si necesita ayuda de nuevo, ¡vuélvalo a llamar!

En Lucas 18:8 (AMPC), Jesús hizo una pregunta inquietante. «*Cuando venga el Hijo del Hombre, ¿hallará [persistencia en] la fe en la tierra?*». En esencia, Jesús nos está diciendo: "Si realmente conoces a mi Padre, a su amor por ti y la integridad de su pacto, no vacilarás ni te desanimarás". ¿Cómo podemos asegurarnos de no dejar que la fe se debilite o vacile mientras esperamos que Dios resuelva el problema? Estamos orando oraciones que cambian vidas, pero necesitamos persistir.

SU ORACIÓN DE INTERVENCIÓN

Padre, te doy gracias por mi posición en Cristo. He recibido a Jesucristo como mi Señor y Salvador. Elijo caminar en Él de acuerdo con Colosenses 2:6. Estoy arraigado y edificado en Él y establecido en la fe.

Jesús, viniste a buscar y salvar a las personas perdidas en el pecado. Tu deseo es llegar a los que necesitan un médico. Te convertiste en pecado para que *(inserte el nombre de tu ser querido)* pudiera ser hecho la justicia de Dios en ti. Estoy en el ministerio de reconciliación y libero mi fe para la salvación de *(inserte el nombre de su ser querido)*.

Declaro que ninguna arma que ataque a *(inserte el nombre de su ser querido)* triunfará (Isaías 54:17 NTV). Cancelo la mentira del ateísmo y el engaño de la anarquía. Estas armas no prevalecerán en la vida de *(inserte el nombre de su ser querido)*. Ordeno que esas cadenas se rompan y se remuevan de la mentalidad de *(inserte el nombre de su ser querido)*.

Te pido que seas un refugio para *(inserte el nombre de su ser querido)* en tiempos de dificultad y lo escondas bajo la sombra de Tus alas. Padre, enviaste a Jesús para consolar a los de corazón quebrantado, para proclamar que los cautivos serán liberados y los prisioneros serán puestos en libertad (Isaías 61:1 NTV). Recibo ese consuelo y libertad para *(inserte el nombre de su ser querido)* hoy. Pido que reedifiques las ruinas de la vida de *(inserte el nombre de su ser querido)* y restaures los lugares de su vida que han sido devastados (Isaías 61:4 NBLA).

EDIFIQUE SU FE

LUCAS 11:10

Porque todo aquel que pide recibe, y el que busca halla, y al que llama se le abrirá.

JUAN 16:13 (AMPC)

Pero cuando Él, el Espíritu de la Verdad (el Espíritu Dador de la Verdad), venga, Él le guiará a toda la Verdad (la Verdad total y plena). Porque Él no hablará Su propio mensaje [por Su propia autoridad]; pero Él dirá todo lo que oiga [del Padre; Él dará el mensaje que le ha sido dado], y le anunciará y declarará las cosas que han de venir [que sucederán en el futuro].

EFESIOS 3:18 (WET)

A fin de que pueda ser capaz de comprender con todos los santos cuál es la anchura, la longitud, la altura y la profundidad y conocer por experiencia el amor de Cristo.

ISAÍAS 49:25 (NBLA)

Ciertamente así dice el Señor: «Aun los cautivos del poderoso serán recobrados, Y rescatada será la presa del tirano. Con el que luche contigo Yo lucharé, Y salvaré a tus hijos».

ORE POR LA RAÍZ, NO POR EL FRUTO

¿Alguna vez ha visto usted el noticiero de la noche y orado en contra de las cosas que escuchó o vio en las noticias? Yo lo he hecho. Fue frustrante porque estaba tratando de orar contra algo que el enemigo ya había puesto en marcha. A medida que crecí en mi relación con el Señor, aprendí que orar desde una posición defensiva no es la única manera de orar.

Por ejemplo, un equipo de fútbol americano tiene un grupo de jugadores que juegan en posición ofensiva y un grupo que juega en posición defensiva. Los jugadores defensivos están reaccionando al oponente, tratando de bloquear sus jugadas, pero los jugadores ofensivos tienen un enfoque diferente. Están tomando decisiones y realizando acciones que les darán puntos.

No necesitamos centrar todas nuestras oraciones en lo que vemos que hace el adversario en la vida de nuestros seres queridos. En algún momento de nuestra oración de intervención, dirigimos nuestra atención a la raíz y nos alejamos del fruto podrido que puedan estar produciendo.

LUCAS 13:6-8

Entonces dijo esta parábola: "Cierto hombre tenía una higuera plantada en su viña, y fue a buscar fruto en ella y no lo halló.

Entonces le dijo al viñador: 'He aquí, ya son tres años que vengo buscando fruto en esta higuera y no lo hallo. Por tanto, córtala. ¿Por qué ha de inutilizar también la tierra?'. Entonces él le respondió diciendo: 'Señor, déjala aún este año hasta que yo cave alrededor de ella y la abone'".

En esta parábola, el cuidador del jardín quería tiempo para trabajar en el sistema de raíces, lo que indica que el verdadero problema no es lo que vemos o no vemos en las ramas. El problema es más profundo que eso. ¡Las raíces necesitan ayuda!

Lo mismo ocurre cuando oramos por nuestros seres queridos. Hay cosas que podemos pedir en oración que proporcionen fertilizante alrededor de su sistema de raíces. Algunas de esas cosas son dirigidas por el Señor y específicas para su situación. Otras se encuentran en la Palabra de Dios y siempre son beneficiosas sin importar las circunstancias.

Una vez escuché una historia sobre una mujer que pidió oración a un ministro que estaba teniendo una reunión especial en la iglesia a la que asistía. Él había estado allí antes y conocía la situación familiar de la mujer. Tenía un hijo adolescente que estaba involucrado con la gente equivocada y bebía y se drogaba todas las noches. Ella lo fastidió por sus decisiones, pero no pudo controlar sus decisiones. Cuanto más lo reprendía ella por no volver a casa por la noche, más lo hacía. Cuanto más le hablaba ella de cómo necesitaba entregar su vida a Dios y abandonar sus caminos pecaminosos, más se esforzaba él en esa dirección.

Le pidió al ministro que orara por su hijo, pero el ministro le dijo: «¡No voy a hacerlo!». Su respuesta la sacudió. *«¿Qué dijo el?»* Él dijo nuevamente: «No voy a orar por él porque todas sus palabras negativas y su preocupación desharán mi oración».

El ministro comenzó a describir cómo ella permaneció toda la noche en la cama esperando escuchar a su hijo entrar a la casa. Ella admitió que nunca se durmió hasta que supo que él estaba en casa. En cambio, se preocupó por él toda la noche, preguntándose si estaba herido o en la cárcel. El ministro dijo: «Yo también sé lo que tú dices sobre él. Le dices a la gente que es un hijo terrible bajo el pretexto de pedirles que oren por él. Peor que eso, le dices él lo malo que es. Tus palabras hacen imposible que las oraciones de alguien lo ayuden».

La mujer se quedó sin palabras. El ministro tenía razón. ¡Ella hizo y dijo todas esas cosas! Ella lo miró entre lágrimas y le preguntó: «¿Qué debo hacer?».

El ministro tuvo compasión de ella y le dijo: «Rodéalo de fe y de amor. No esperes despierta preocupándote otra noche. Deja en manos del Señor tu preocupación por él y vete a dormir. Cuando hables con él, usa palabras dulces. Dile que lo amas. Pregúntale cómo está. Ten una conversación normal sin enfatizar en qué está fallando».

La siguiente vez que el ministro vino a celebrar otra reunión en la iglesia a la que asistía, lo recibió con una sonrisa en el rostro. Ella le dio la buena noticia y le dijo: «Hice lo que me dijo. Comencé a rodearlo de fe y amor. Dejé de preocuparme por dónde estaba y lo encomendé al Señor. Empecé a hablar cosas buenas de él y a él. Al poco tiempo, él notó el cambio. No estaba insistiendo con él ni reprendiéndolo. Un domingo por la mañana volvió después de haber estado fuera toda la noche. Le ofrecí algo de desayuno. Mientras comíamos, dijo que quería ir conmigo a la iglesia esa mañana. Le pregunté si estaba seguro porque no había dormido, pero insistió. ¡Él entregó su corazón al Señor y ha estado sirviendo a Dios desde entonces!». ¡Dejó de atacar el fruto de los caminos de su hijo y comenzó a fertilizar la tierra alrededor de sus raíces!

Examinemos algunas cosas que fertilizarán el suelo del corazón.

ORANDO LA RESPUESTA

FILIPENSES 1:10 (AMPC)

Para que con seguridad aprendas a sentir lo que es vital, y a aprobar y valorar lo que es excelente y de verdadero valor [reconociendo lo más alto y lo mejor, y distinguiendo las diferencias morales], y para que seas inmaculado, puro, infalible e irreprochable. [para que con corazones sinceros, seguros e inmaculados, puedas acercarte] al día de Cristo [sin tropezar ni hacer tropezar a otros].

Este versículo proporciona un excelente fertilizante para el sistema de raíces de alguien que siempre está eligiendo lo que su carne quiere hacer o cediendo a la influencia del adversario. Sabemos que Dios no anulará la voluntad de una persona, por eso necesitamos que nuestros seres queridos lo elijan a Él y Sus caminos. Si aprenden a valorar lo vital, elegirán la vida y la luz.

SALMOS 32:8 (NBLA)

Yo te haré saber y te enseñaré el camino en que debes andar....

Convierte este versículo en una oración pidiendo: "Señor, ayuda a *(inserte el nombre de su ser querido)* a actuar sabiamente. Padre, Te pido que le guíes por el camino que deben seguir". Cuando oramos así, oramos por la respuesta y contra el problema.

Otro ejemplo de orar por la respuesta se encuentra en Segunda de Tesalonicenses 1:12, que dice: «*de manera que el nombre de nuestro Señor Jesús sea glorificado en ustedes, y ustedes en él, según la gracia de nuestro Dios y del Señor Jesucristo*». Comience a orar para que el nombre de Jesús sea glorificado y honrado por su ser querido. Dé a Su nombre un lugar de honor en su vida declarándolo sobre ellos. Usted puede decir: "Pronuncio el nombre de Jesucristo sobre *(inserte el nombre de su ser querido)* hoy. Hágale saber el poder de ese nombre. En el nombre de Jesús, verá claramente. En el nombre de Jesús, lo llamo a la luz".

Usted puede tomar Colosenses 3:16 y decir: "Que la Palabra de Cristo habite en *(inserte el nombre de su ser querido)* ricamente en toda sabiduría" o Efesios 3:17, "Padre, Te pido que Cristo habite en el corazón de *(inserte el nombre de su ser querido)* por fe y esté arraigado y cimentado en amor".

COLOSENSES 4:12

Los saluda Epafras, quien es uno de ustedes, siervo de Cristo, siempre solícito por ustedes en oración, para que estén firmes como hombres maduros y completamente entregados a toda la voluntad de Dios.

¡Qué gran ejemplo de oración que profundiza en las raíces de la vida de alguien y la rodea con un suministro espiritual! Vemos que Epafras oró para que «*estén firmes como hombres maduros y completamente entregados a toda la voluntad de Dios*». ¡De eso estoy hablando!

SU ORACIÓN DE INTERVENCIÓN

Oro Colosenses 4:12 para que *(inserte el nombre de su ser querido)* permanezca firme y completo(a) en toda la voluntad de Dios. Padre celestial, pido plenitud en la mente y las emociones de *(inserte el nombre de su ser querido)*. Te pido que alejes a *(inserte el nombre de tu ser querido)* de las relaciones toxicas que fomentan las malas decisiones y que atraigas a *(inserte el nombre de su ser querido)* a relaciones estables y saludables con personas que caminan en Tu sabiduría.

Señor, cualquier mentira que le haya hecho rechazar una relación contigo, hablo a esa mentira que se descubra. Padre, si Te culpa por algo que ha salido mal o por alguna área en la que piensa que le fallaste, ayúdale a desechar esa culpa. Revela Tu fidelidad hacia a *(inserte el nombre de su ser querido)*. Ten piedad de su desconfianza y envía a personas a dar testimonio de Tu bondad.

Me opongo a todas las fuerzas enemigas que operan contra *(inserte el nombre de su ser querido)* en el nombre de mi Señor, Jesucristo. Hago cumplir la voluntad de Dios en *(inserte el nombre de su ser querido)* para que sea libre de toda opresión del diablo. Satanás, rompo tu control sobre los pensamientos de *(inserte el nombre de su ser querido)*. Resisto tus planes de destruir a *(inserte el nombre de su ser querido)*. Ninguna arma formada contra *(inserte el nombre de su ser querido)* podrá prosperar.

Dios, te alabo por Tu misericordia extendida hacia *(inserte el nombre de su ser querido)*. Oro para que sea capaz de comprender la anchura, longitud, altura y profundidad y que comprenda que el amor de Cristo sobrepasa todo entendimiento (Efesios 3:18).

EDIFIQUE SU FE

ISAÍAS 31:5 (AMPC)

Como aves rondando, así defenderá el Señor de los ejércitos a Jerusalén; Él la protegerá y la librará. Él la pasará por alto, la perdonará y la preservará.

JEREMÍAS 31:16-17 (PDT)

Esto dice el SEÑOR: «Deja de llorar. No derrames más lágrimas, pues habrá una recompensa por tu trabajo, tus hijos volverán del país enemigo, dice el SEÑOR.

Hay esperanza en tu futuro; tus hijos volverán a su patria. Es la decisión del SEÑOR.

JEREMÍAS 46:27

Pero tú no temas, oh siervo mío Jacob, ni desmayes, oh Israel. Porque he aquí, yo soy el que te salva desde lejos; y a tu descendencia, de la tierra de su cautividad. Jacob volverá y estará tranquilo; estará confiado, y no habrá quien lo atemorice.

DÍA 24

PUEDE NECESITAR UN REINICIO MENTAL

Aunque fuera oscuro, podía ver el rostro de mi esposo, iluminado por la luz de la luna, relajado y tranquilo. Dormía como si no tuviera ninguna preocupación en el mundo. ¡Quería enojarme con él simplemente porque podía dormir tan profundamente mientras yo daba vueltas y vueltas, tratando de encontrar la solución al problema!

Era pasada la medianoche y todavía estaba tratando de conciliar el sueño. Tres veces, con frustración, susurré: «Señor, te entrego esta situación. No quiero seguir pensando en ello. Me voy a dormir ahora». Me di vuelta y acomodé mi almohada, decidida a evitar que el pensamiento del intento de suicidio de mi hija volviera a la vanguardia de mis pensamientos.

Cada vez que las preguntas comenzaban a girar por mi mente, el sueño se retiraba de mí aún más. *«¿Por qué no nos escucha? Ella está decidida a rebelarse ante cualquier cosa que yo diga»*. Ensayé sus arrebatos, berrinches y demandas, buscando lo que podría haber hecho de manera diferente para evitar que la situación se intensificara. Reviví la discusión y sus amenazas mientras tomaba sus medicamentos y salía corriendo por la puerta. *«¿Cómo podría hacer esto de nuevo?»*.

La busqué en nuestro complejo de apartamentos, sabiendo que no podría haber ido muy lejos. La encontré desplomada en la esquina de un

pasillo aislado en el edificio al lado del nuestro. Estaba llorando, soste-niendo la botella vacía que estaba llena momentos antes. Mi voz temblaba con una extraña mezcla de desesperación y furia mientras transmitía la dirección al operador del 911. La ambulancia la llevó rápidamente al hos-pital, donde le bombearon el estómago y la ingresaron en la sala de salud mental para observarla.

En el crepúsculo, aclaré mi mente y volví mi enfoque al sonido de la respiración de mi esposo. Era como si mi mente se volviera a encender. Cada vez que intentaba dejar de pensar en ello, los pensamientos se rei-niciaban automáticamente. Como un tren corriendo por las vías, mis pensamientos tomaron impulso. ¡Pero estaban corriendo en la dirección equivocada!

No podía levantarme de la cama sin despertar a mi esposo, pero necesitaba hacer algo para detener este tren de carga de preocupación. Escuché: "No puedes luchar contra los pensamientos con pensamientos". Sé que fue el Señor guiándome. Jesús trató con pensamientos erróneos al hablar la Palabra de Dios: «*Escrito está...*». Sabía lo que tenía que hacer.

El Salmo 91 es un capítulo que me sé de memoria, así que comencé a susurrar: «*El que habita al abrigo del Altísimo...*». Continué a través de todo el salmo. Cuando terminé el versículo 16, comencé de nuevo, continuando este proceso hasta que mi mente se sometió a la Palabra de Dios. ¡Yo creo que me tomó una hora!

Antes de quedarme dormida, me arrepentí ante el Señor por permitir que mi mente se descontrolara. El impulso de la preocupación se había ido acumulando mientras pasaba días meditando en el problema. Esto hizo que la preocupación construyera una fortaleza mental. Afortunada-mente, la Palabra de Dios es poderosa para derribar fortalezas. Desde ese día, he sido más diligente en mantener mi mente en el Señor.

ISAÍAS 26:3

Tú guardarás en completa paz a aquel cuyo pensamiento en ti persevera, porque en ti ha confiado.

Se requirió algo de disciplina, pero valió la pena el esfuerzo. Mantener mi mente enfocada en las promesas de Dios en medio del drama diario significaba que tenía que examinar cada pensamiento para ver si pasaba la prueba. Cuando llegaban los pensamientos erróneos, tomaba el control de ellos en lugar de que ellos me controlarán a mí.

DERRIBE, DESTRUYA, TRÁIGALO CAUTIVO

Si vamos a detener con éxito el avance del enemigo en la vida de nuestros seres queridos, debemos ganar primero el juego de la mente. La Biblia asegura que no nos falta conocimiento acerca de las artimañas de Satanás.

2 CORINTIOS 2:11 (RV1960)

para que Satanás no gane ventaja alguna sobre nosotros; pues no ignoramos sus maquinaciones.

La palabra *maquinaciones* describe "la intriga de la mente". En otras palabras, el diablo usa "juegos mentales". Como no ignoramos sus artimañas, podemos derrotar los ataques diabólicos de duda, miedo o tristeza. Pero debemos reconocerlo para resistirlo.

Si usted permite cada pensamiento que aparece en su mente, entonces el enemigo cuenta con un camino abierto en su vida a través de sus

pensamientos. Él puede presentar sus mentiras, engaños y sugerencias satánicas, y usted ésta participando voluntariamente al pensar sus pensamientos. Los pensamientos transmiten imágenes, y terminaremos con la imagen de muerte y destrucción al permitir que las palabras de Satanás transporten su plan a nuestra mente.

La fe puede verse obstaculizada si la mente está nublada con pensamientos de derrota. El enemigo quiere convencerlo a usted de que su ser querido estará en esta situación para siempre. Su juego mental es desarrollar una imagen de fracaso o pérdida en su mente. Tal vez su mente ha visto imágenes de su hijo siendo arrestado o con una sobredosis en una casa sucia de crack. Tal vez haya ensayado todos los escenarios de "qué pasa si" en su mente. *«¿Qué pasa si conduce borracho y muere en un accidente automovilístico? ¿Qué pasa si es asesinado(a) por un traficante de drogas?».*

¡Tiene que detener eso! No deje que el diablo ponga sus películas de terror en la pantalla de su imaginación. Derribe la imaginación y rehuse que la mente piense esas cosas. Lo que hay que hacer es exaltar la imaginación de Dios.

2 CORINTIOS 10:4-5

Porque las armas de nuestra milicia no son carnales sino poderosas en Dios para la destrucción de fortalezas. Destruimos los argumentos y toda altivez que se levanta contra el conocimiento de Dios; llevamos cautivo todo pensamiento a la obediencia de Cristo.

Tome cautivos los pensamientos de miedo o tristeza. Obligue su mente a pensar en la victoria. Imagínese a su ser querido con sus manos levantadas en la iglesia, cantando y alabando a Dios. El juego mental se

puede ganar tal como lo hizo Jesús. Abra la boca y declare lo que Dios ha dicho: "¡Ninguna arma formada contra mí prosperará!".

TRAIGA CAUTIVO LOS PENSAMIENTOS ERRÓNEOS

2 CORINTIOS 10:5 (TPT)

Capturamos, como prisioneros de guerra, cada pensamiento e insistimos en que se doblequen en obediencia al Ungido.

¿Todo pensamiento? ¿Es posible controlar cada pensamiento? Cuando acepté a Jesús como Señor por primera vez, tenía muchos pensamientos que eran contrarios a la forma de pensar de Dios. Cerca de ocho años de actividad criminal y consumo de drogas resultaron en una mentalidad de ladrona y drogadicta.

Comencé a aprender a renovar mi mente, pero la enormidad de la tarea parecía abrumadora. ¿Cómo podría deshacerme de los pensamientos de adicción que había acumulado durante tanto tiempo? Como un acaparador que sucumbe a las capas de basura y montones de escombros en su casa, me sentí impotente para eliminar los patrones de pensamiento que había pasado años practicando.

Afortunadamente, el Señor me ayudó día a día. Me volví más consciente de los pensamientos que estaba pensando. En lugar de permitir que mi mente pensara lo que quisiera pensar, elegí pensamientos específicos en obediencia a la instrucción de Dios.

FILIPENSES 4:8 (WET)

Finalmente, hermanos, todo lo que tiene el carácter de verdad, todo lo digno de reverencia, todo lo justo, todo lo puro, todo lo amable, todo lo atractivo, cualquier excelencia que haya, u objeto digno de alabanza, estas cosas son objeto de una cuidadosa reflexión.

La preocupación era un patrón de pensamiento que estaba tan arraigado en mi forma de pensar que se necesitó disciplina para eliminarlo. La preocupación me parecía tan natural que el Señor tuvo que convencerme a lidiar con ella. Cuando me di cuenta de cuánto mi actividad mental estaba consumida por la ansiedad y la inquietud, entendí cuánto de mi día estaba consumido con pensamientos negativos.

A medida que la preocupación continúa trabajando en la mente, la imagen de lo que lo preocupa se va haciendo cada vez más clara. La visión se agudiza mentalmente porque lo está pensando continuamente. Además, esos pensamientos pronto entraran en acción.

JOSUÉ 1:8 (AMPC)

Este libro de la ley no se apartará de tu boca, sino que meditarás en él de día y de noche, para observar y hacer de acuerdo con todo lo que está escrito en él. Porque entonces harás prosperar tu camino, y entonces obrarás sabiamente y tendrás buen éxito.

Al meditar en la Palabra de Dios, usted llena su corazón con las imágenes que transmiten la Palabra de Dios. Puede «observar y hacer» o verse a sí mismo haciendo «de acuerdo con todo lo que está escrito en él». Ese es el método de Dios para ayudarlo a llevar a cabo Su voluntad.

SALMOS 1:1-3

Bienaventurado el hombre que no anda según el consejo de los impíos ni se detiene en el camino de los pecadores ni se sienta en la silla de los burladores. Más bien, en la ley del SEÑOR está su delicia, y en ella medita de día y de noche. Será como un árbol plantado junto a corrientes de aguas que da su fruto a su tiempo y su hoja no cae. Todo lo que hace prosperará.

Cualquier cosa que haga prosperará porque es impulsado por la Palabra de Dios. Pero ¿qué pasa con las palabras del enemigo? ¿Qué sucede si meditamos en el problema? Si diariamente ensayamos la idea de que nuestros seres queridos serán arrestados, van a tener un accidente o cualquiera que sea la idea atormentadora que bombardea su mente, lo verá como un video que se reproduce una y otra vez.

La imagen se volverá más nítida y clara hasta que parezca realidad. Comenzará a hablar y actuar como si fuera real. Ahí entonces, sus oraciones se verán obstaculizadas porque no está de acuerdo con Dios. Amós 3:3 nos pregunta: «*¿Andarán dos juntos, a menos que se pongan de acuerdo?*». ¡No! Hay que renovar la mente para estar de acuerdo con la perspectiva de Dios para que las oraciones de intervención den en el blanco.

Piense en que su ser querido es salvo según Hechos 16:31: «*... Cree en el Señor Jesús y serás salvo, tú y tu casa*», y medite en ello día y noche. Permita que una imagen de su ser querido sirviendo a Jesucristo y siguiendo Su plan para su vida se vuelva tan nítida y clara que parezca una realidad. ¡Está basado en la Palabra de Dios (y Dios NO PUEDE mentir)!

SU ORACIÓN DE INTERVENCIÓN

Padre celestial, Te presento mi mente para ser evaluada. Si tengo algún pensamiento que sea contrario a Tus pensamientos, Te pido que me lo muestres. Quiero que Tu Palabra sea la forma en que pienso sobre todo.

Te pido que me ayudes a vencer la preocupación, la ansiedad y cualquier forma de temor mental. En Segunda de Timoteo 1:7, dice que me has dado una mente sana. Según Primera de Corintios 2:16, tengo la mente de Cristo. Gracias, Señor, por ayudarme a renovar mi mente como lo instruye Romanos 12: 2.

Dios, echo la carga sobre ti en obediencia al Salmo 55:22. Me sostendrás. Cuando surjan pensamientos que traten de preocuparme, abriré mi boca, hablaré Tu Palabra y los resistiré. Tomaré cautivos esos pensamientos.

Me comprometo a detener los pensamientos erróneos que vienen a cambiar la imagen que tengo de *(inserte el nombre de su ser querido)* sirviéndote. Pensaré intencionalmente de acuerdo con Hechos 16:31 y me regocijaré en Tu verdad. Tomo Isaías 54:13 y lo aplico a mi ser querido, declarando: "Grande es la paz de *(inserte el nombre de su ser querido)* y *(inserte el nombre de su ser querido)* será enseñado por el Señor".

Dios Padre, en el nombre de Jesús, me acerco a Ti por *(inserte el nombre de su ser querido)*. Pongo mi confianza en Ti para que me ayudes a saber cómo orar, cómo testificar y cómo amar a *(inserte el nombre de su ser querido)* a pesar de sus resoluciones descarriadas y sus malas decisiones.

El enemigo quiere cegar a *(inserte el nombre de su ser querido),* pero Segunda de Corintios 4:6 declara que Tu ordenas que la luz brille en la oscuridad. Dios, Tú te revelaste al apóstol Pablo, trayendo luz a su oscuridad. Te pido que reveles a Jesús a *(inserte el nombre de su ser querido).* Muéstrale tu deseo de ayudarle, de rescatarle, de salvarle. Revela tu bondad y misericordia a *(inserte el nombre de su ser querido).* Te doy las gracias por ello.

EDIFIQUE SU FE

SALMOS 91:1-16 (AMPC)

El que habita en el lugar secreto del Altísimo permanecerá estable y fijo bajo la sombra del Todopoderoso [cuyo poder ningún enemigo puede resistir]. Diré del SEÑOR: Él es mi refugio y mi fortaleza, mi Dios: en Él me apoyo y confío, ¡y en Él [con seguridad] confío! Porque [entonces] Él te librará del lazo del cazador y de la pestilencia mortal. [Entonces] Él te cubrirá con sus alas y bajo sus alas confiarás y encontrarás refugio; Su verdad y Su fidelidad son escudo y adarga.

No tendrás miedo del terror de la noche, ni de la flecha (las malas maquinaciones y calumnias de los malvados) que vuela de día, ni de pestilencia que acecha en las tinieblas, ni de la destrucción y muerte súbita que sorprenden y arrasan en el mediodía. Caerán mil a tu lado y diez mil a tu diestra, pero no se acercará a ti. Solo un espectador serás [tú mismo inaccesible en el lugar secreto del Altísimo] mientras presencias la recompensa de los impíos. Porque has hecho del SEÑOR tu refugio, y del Altísimo tu morada, no te sobrevendrá ningún mal ni ninguna plaga o calamidad se acercará a tu morada.

Porque Él dará a sus ángeles [especial] encargo sobre ti para que te acompañen, defiendan y preserven en todos tus caminos [de obediencia y servicio]. Te llevarán en las manos para que tu pie no tropiece en piedra. Sobre león y víboras pisarás; hollarás al cacharro del león y la serpiente. Por cuanto en Mí ha puesto su amor, yo también lo libraré; lo pondré en alto, porque él conoce y comprende Mi nombre [tiene un conocimiento personal de mi misericordia, amor y bondad; confía y se apoya en Mí, sabiendo que nunca lo abandonaré no, nunca]. Él me invocará, y Yo le responderé; estaré con él en la angustia y lo libraré y lo honraré. Lo saciaré con larga vida y le mostraré mi salvación.

DÍA 25

SEÑOR, ¡AYÚDAME A ORAR!

En muchas ocasiones, yo no sabía cómo o qué orar sobre la situación de mi ser querido. Oré todo lo que pude con el conocimiento que poseía. Pero sentí en mi corazón que había otras cosas que ocurrían y que necesitaba seguir orando. La Biblia se refiere a este dilema en Romanos.

ROMANOS 8:26 (AMPC)

Así también el Espíritu [Santo] viene en nuestra ayuda y nos sostiene en nuestra debilidad; porque no sabemos qué oración ofrecer ni cómo ofrecerla dignamente como conviene, pero el Espíritu mismo va a atender nuestra petición y suplica en nuestro favor con anhelos indescriptibles y gemidos demasiado profundos para ser expresados.

Cuando no sabemos cómo orar acerca de una situación, contamos con ayuda. ¡El Espíritu Santo viene a socorrernos y nos sostiene! Esto no significa que Él va a orar por nosotros mientras dormimos. ¡No! Pero, el Espíritu Santo nos ayuda dándonos las palabras sobrenaturales correctas para orar en esa situación. (Para una mayor comprensión, consulte la sección titulada "Cómo puedo ser lleno del Espíritu Santo" al final de este libro).

ROMANOS 8:26 (WET)

Y de la misma manera también el Espíritu nos ayuda en nuestra debilidad, porque aquello por lo que debemos orar según sea necesario por la naturaleza del caso, no lo sabemos con conocimiento absoluto; pero el Espíritu mismo viene en nuestro rescate intercediendo con gemidos indecibles.

Orar en lenguas es una de las herramientas más valiosas que podemos usar, especialmente cuando oramos por los demás. Cuando hay luchas ocultas, como pensamientos de suicidio o autolesión bombardeando en sus mentes, es posible que no estemos conscientes de ello.

En muchas situaciones, no entendemos exactamente lo que debe suceder para que se rindan a Dios y acepten a Jesús, ¡pero el Espíritu Santo lo sabe! El Espíritu Santo sabe lo que están enfrentando y lo que les impide recibir de Dios. Por lo tanto, podemos orar desde nuestros espíritus y permitir que el Espíritu Santo nos ayude dándonos la expresión espiritual de qué orar. Al hacer esto, podemos orar por cosas que ya son la voluntad de Dios para sus vidas.

Él orará a través de nosotros mientras le damos expresión al hablar en otras lenguas.

1 CORINTIOS 14:2 (AMPC)

*Porque **el que habla en lengua [desconocida]** no **habla a los hombres sino a Dios**, porque nadie entiende ni capta su significado, porque en el Espíritu [Santo] pronuncia **verdades secretas y cosas ocultas [no evidentes al entendimiento]**.*

Aunque no comprendemos, Dios entiende la oración en lenguas. La Escritura dice que cuando hablamos en lenguas, hablamos con Dios. Oramos cosas que no son obvias para nuestro entendimiento. Sin embargo, Dios escucha, entiende y contesta nuestras oraciones porque cuando oramos con la ayuda del Espíritu Santo, estamos orando la perfecta voluntad de Dios.

ROMANOS 8:27 (AMPC)

Y el que escudriña los corazones de los hombres sabe lo que hay en la mente del Espíritu [Santo] [cuál es Su intención], porque el Espíritu intercede y ruega [ante Dios] a favor de los santos según **y en armonía con la voluntad de Dios.**

Cuando intercedemos y no sabemos cómo orar, Él viene a recibir nuestras súplicas. Él viene a ayudarnos a mover la situación difícil. Por ejemplo, si el automóvil de una persona está averiado y necesita ayuda para sacarlo de la carretera, alguien puede venir para ayudarlo a empujarlo.

El Espíritu Santo viene a nuestro lado para ayudarnos. En Juan 14:16, Jesucristo dijo: «*Y yo rogaré al Padre y les dará otro Consolador para que esté con ustedes para siempre*». La palabra *Consolador* es la palabra griega *paráclito* que significa "uno que viene a ayudar". El Espíritu Santo es nuestro Ayudador. Cuando comenzamos a orar en lenguas, Él se acerca y agrega Su habilidad. Si dejamos que el Espíritu Santo nos ayude, no tendremos que esforzarnos.

Tenemos la autoridad para liberar cosas en el reino espiritual. Pero necesitamos desarrollar sensibilidad y la capacidad de escuchar al Señor. Aprendemos a asociarnos con Él.

Cuando el Espíritu Santo intercede dentro de nosotros, Él nos da las palabras para decir. Por ejemplo, estaba en un aeropuerto y vi a un agente

SEÑOR, ¡AYÚDAME A ORAR!

de embarque tomar un micrófono y decir: «El vuelo 1250 a Los Ángeles ya está listo para partir. Las puertas se cerrarán en 3 minutos». Pero no podía oírla en el altavoz. En unos momentos, se oyó una grabación por el altavoz. No era la voz de la dama. Ella estaba hablando por el micrófono, y estaba tomando su voz a través de un sistema de grabación. Era una voz en que sonaba como un locutor de radio. Esa mujer le dijo al equipo de voz qué decir; el equipo recibió la información y la transmitió a través del aeropuerto.

El Espíritu Santo nos da las palabras para decir porque tenemos autoridad sobre la tierra. Nuestra autoridad es una autoridad vocal, y el Señor necesita que hablemos algunas cosas. El Espíritu Santo dirá cosas para que las declaremos. Entonces, Dios tiene el acceso legal para llevarlas a cabo. ¡Pero Él debe usar nuestra voz!

Entonces, ¡el Espíritu Santo toma el receptor y nos dice qué decir! Sale un lenguaje espiritual. Puede que no lo entendamos con nuestra mente, pero viene del Espíritu de Dios mismo. Viene directamente en línea con Su voluntad. Podemos declarar cosas sobrenaturalmente. Al hacerlo, liberamos cosas sobrenaturales.

Después de haber orado en el Espíritu Santo, reclame Marcos 11:23-24 sobre sus palabras. Diga: "He orado en lenguas, sometiéndome al Espíritu Santo. He orado la perfecta voluntad de Dios. Creo que recibo lo que estoy diciendo. Estoy ejerciendo mi fe, y por fe, recibo lo que acabo de orar en el Espíritu".

No tiene que saberlo para recibirlo. Ya sabe que es la perfecta voluntad de Dios. Ahora, use su fe para creerla y recibirla.

1 CORINTIOS 14:14

Porque si yo oro en una lengua, mi espíritu ora; pero mi entendimiento queda sin fruto.

La Biblia Amplificada, Edición Clásica, dice: «*Porque si oro en una lengua [desconocida], mi espíritu [por el Espíritu Santo dentro de mí] ora*».

ROMANOS 8:26 (AMPC)

Por tanto, también el Espíritu [Santo] viene a nuestra ayuda y nos sostiene en nuestra debilidad; ya que no sabemos que oración ofrecer ni cómo ofrecerla dignamente cómo deberíamos, pero el Espíritu mismo va a atender nuestra súplica y pide a nuestro favor con ansia indecible y gemidos demasiado profundos.

La Traducción Expandida de Wuest dice: «*Él nos echa una mano*». No siempre tenemos un conocimiento completo de lo que enfrentan nuestros familiares y lo que viene en su contra. Pero el Espíritu Santo sí. Una vez que haya orado todo lo que sabe en lo natural, diga: "Padre, voy a tomar esta situación con la ayuda del Espíritu Santo. Voy a orar en el Espíritu y liberar Tu voluntad sobre esta situación". Entonces, comience a orar en el Espíritu.

Sé que podemos orar en el Espíritu mientras hacemos otras cosas como doblar la ropa o lavar los platos. Pero practique orar en el Espíritu cuando pueda dedicar tiempo a escuchar y trabajar con Él en oración. Obtendrá una mayor sensibilidad a lo que Él está diciendo.

ROMANOS 8:28

Y sabemos que Dios hace que todas las cosas ayuden para bien a los que lo aman; esto es, a los que son llamados conforme a su propósito.

Es posible que haya escuchado este versículo usado para explicar una tragedia. Pero ese no es el contexto apropiado de ese pasaje. Todas las cosas trabajan juntas como respuesta a asociarse con el Señor en oración y orar la perfecta voluntad de Dios orando en el Espíritu. Ahora que ha orado y desatado su fe sobre la situación, todas las cosas pueden obrar juntas para bien.

¿No es eso lo que quiere? Quiere que las cosas funcionen para bien. Entonces, debe utilizar esta santa ayuda diariamente y orar la voluntad de Dios para ese propósito específico en su vida. No estamos caminando en los zapatos de la otra persona o viviendo en su mundo, así que llegaremos al final de lo que sabemos orar. Pero el Espíritu Santo nos sostiene y viene a socorrernos cuando no sabemos cómo orar. El Espíritu Santo va a encontrarse con nuestra súplica y ruega por nosotros con anhelos indescriptibles y gemidos demasiado profundos para ser pronunciados.

SU ORACIÓN DE INTERVENCIÓN

Dios Padre, me acerco a Ti en el nombre de Jesús. Te adoro por Tu fidelidad a Tu Palabra. Puedo confiar en Ti porque Tú eres firme y lleno de integridad.

Señor, me aferro a mi confesión de fe por la libertad y la salvación de *(inserte el nombre de su ser querido)*. Actúo de acuerdo a Hebreos 10:23 y me aferro a la profesión de mi esperanza sin vacilar porque eres fiel a lo que prometiste. ¡Porque me das la victoria a través del Señor Jesucristo, estoy firme e inmovible!

No vacilaré ni perderé mi valentía. Continuaré en fe porque Tú me amas. Tú amas a *(inserte el nombre de su ser querido)* incluso más de lo que yo le amo. Tu deseo de liberar a *(inserte el nombre de su ser querido)* y llenarle con Tu vida es mayor que el deseo que tengo de verle libre.

Dios, Tú sabes lo que *(inserte el nombre de su ser querido)* necesita escuchar y quién puede alcanzarle con palabras de verdad. Te pido que prepares a las personas que pueden hablar con *(inserte el nombre de su ser querido)*. Haz que sus caminos se crucen y dale a tu pueblo la audacia para hablar las cosas correctas a *(inserte el nombre de su ser querido)*.

Señor, Tu Palabra no volverá vacía. Logrará lo que Tú quieras. Has enviado Tu Palabra a *(inserte el nombre de su ser querido)*. Oro para que cada semilla de verdad que alguna vez se haya plantado en el corazón de *(inserte el nombre de su ser querido)* sea regada y salga una cosecha de conocimiento de revelación. La semilla de Tu Palabra es incorruptible. Te alabo, Jesús, por la cosecha de la Palabra en el corazón de *(inserte el nombre de su ser querido)*.

EDIFIQUE SU FE

1 CORINTIOS 15:58 (NTV)

Por lo tanto, mis amados hermanos, permanezcan fuertes y constantes. Trabajen siempre para el Señor con entusiasmo, porque ustedes saben que nada de lo que hacen para el Señor es inútil.

ROMANOS 8:26 (NTV)

Además, el Espíritu Santo nos ayuda en nuestra debilidad. Por ejemplo, nosotros no sabemos qué quiere Dios que le pidamos en oración, pero el Espíritu Santo ora por nosotros con gemidos que no pueden expresarse con palabras.

ISAÍAS 49:25 (TLA)

Pero yo, el único Dios, declaro que al guerrero y al tirano les quitarán lo que hayan conquistado. A ustedes los israelitas les digo que yo salvaré a sus hijos y a sus hijas de manos de sus enemigos.

ISAÍAS 44:3 (AMPC)

Porque derramaré agua sobre el sediento, y ríos sobre la tierra seca. Derramaré Mi Espíritu sobre tu descendencia, y Mi bendición sobre tus descendientes.

DÍA 26

¿ESTÁ VIGILANDO
EN ORACIÓN?

Una diferencia significativa entre una oración de petición y una de intervención u oración intercesora consiste en la aplicación continua. La Biblia usa la palabra *vigilar* en el siguiente versículo para describir esta aplicación.

EFESIOS 6:18

Orando en todo tiempo en el Espíritu con toda oración y ruego, ***vigilando*** *con toda perseverancia y ruego por todos los santos.*

La palabra *vigilar* significa "estar concentrado en algo, ejercer vigilancia constante sobre algo". Nos muestra cómo un pastor cuida de un rebaño. Velar en oración requiere que seamos sensibles a los estímulos e impresiones del Espíritu Santo. Aunque no veremos con ojos naturales todos los detalles o dificultades, podemos orar por los impulsos del Espíritu Santo y desviar el peligro.

SÚPLICAS ESPIRITUALES

Hace años, mi esposo y yo asistimos a una conferencia en otro estado. Dejamos a nuestros hijos con adultos seguros y confiables. Nuestra hija mayor tenía unos 16 años y se quedó con una de sus amigas cuya familia asistía a nuestra iglesia. En la mañana de la conferencia, fuimos a dar un paseo fuera del hotel. Mi esposo y yo comenzamos a orar por nuestros hijos y nos encontramos reclamando el Salmo 91 sobre ellos. Revisamos versículos específicos y declaramos su protección. ¡Fuimos a la iglesia esa noche, y el ministro predicó sobre el Salmo 91!

Apagamos nuestros teléfonos celulares durante el servicio de la iglesia y nos olvidamos de revisarlos después del servicio. Pero cuando entramos en la habitación del hotel esa noche, el teléfono junto a la cama tenía una luz de mensaje intermitente. Levanté el teléfono para escuchar el mensaje mientras mi esposo volvía a encender su teléfono celular. Ambos escuchamos el informe al mismo tiempo. «Estoy llamando desde el Hospital Olathe. Su hija estuvo involucrada en un accidente y necesitamos su permiso para tratarla. Por favor, llámenos».

Inmediatamente, llamamos a la familia con la que se estaba quedando para averiguar si estaba bien. Nos explicaron que las chicas habían salido del centro comercial cuando giraron hacia un camión Mack que se aproximaba. ¡El auto quedó destruido! Cuando llegaron a la escena del accidente, el conductor de la ambulancia comentó: «Creo que necesitaremos la bolsa para cadáveres». Por la condición del automóvil, no podían imaginarse que alguien hubiera sobrevivido el accidente.

¡Pero todas las chicas salieron con heridas relativamente menores! ¡Alabado sea el Señor! Mi hija tenía una lesión en la pierna que requirió

puntos de sutura y una leve conmoción cerebral, pero fue tratada y dada de alta esa misma noche.

¡A Dios sea la gloria! No nos cogió desprevenidos o inconscientes. El Señor nos impulsó a orar por protección antes del accidente, autorizando a Dios a mantenerlos a salvo sobrenaturalmente.

ATENCIÓN CONSTANTE

Tenemos otra referencia del Nuevo Testamento a vigilar en oración que se encuentra en Colosenses:

COLOSENSES 4:2

Perseveren siempre en la oración, vigilando en ella con acción de gracias.

La Traducción Expandida de Wuest dice: «Presta atención constante a la oración, constantemente vigilante en ella con acción de gracias». La Biblia Amplificada, Edición Clásica, dice: *«Sé ferviente e incansable y firme en tu [vida] de oración, siendo [tanto] alerta e intencionado en [tu oración] con acción de gracias».* Por lo tanto, vemos que velar y estar vigilantes o alertas en oración son instrucciones que debemos seguir.

ISAÍAS 21:6 (NBLA)

*Porque así me ha dicho el Señor: "Ve, pon centinela **que dé aviso** de lo que vea.*

En el Antiguo Testamento, los centinelas se colocaron en la pared que rodeaba la ciudad. Podían ver a lo lejos de su punto de vista y alertar a la ciudad del peligro que se avecinaba. Además, los detalles y el conocimiento que recibieron desde su punto de vista ayudaron a prepararse para la siguiente etapa de la batalla o defensa.

2 REYES 9:17-18 (NBLA)

*Y **el centinela** que estaba en la torre de Jezreel **vio** la comitiva de Jehú que venía, **y dijo:** «Veo una comitiva». Y Joram dijo: «Toma un jinete y envíalo a su encuentro, y que diga: "¿Hay paz?"». Fue el jinete a su encuentro, y dijo: «Así dice el rey: "¿Hay paz?"». Y Jehú dijo: «¿Qué tienes tú que ver con la paz? Ponte detrás de mí». Y el centinela le avisó: «El mensajero llegó hasta ellos, pero no regresó».*

Usted tiene la ventaja porque está en Cristo. El Espíritu Santo habita en usted y va a mostrarle lo que está por venir. Usted puede ver las cosas en el campo espiritual y transformar situaciones de destrucción. Puede orar respuestas antes del ataque del enemigo que inutilizarán sus armas. Pero hay que estar alerta y sensible al Espíritu Santo.

1 TESALONICENSES 5:4-6

*Pero ustedes, hermanos, no están en tinieblas como para que aquel día los sorprenda como un ladrón. Todos ustedes son hijos de luz e hijos del día. No somos hijos de la noche ni de las tinieblas. Por tanto, no durmamos como los demás sino **vigilemos y seamos sobrios.***

Usted no está ignorante acerca de las cosas que el enemigo ha planeado. Usted puede ser guiado por el Espíritu Santo para frustrar la estrategia del diablo en todos los aspectos.

SU ORACIÓN DE INTERVENCIÓN

En el nombre de Jesús, oro para tener una sensibilidad de corazón. Padre, quiero aprender a reconocer Tus impresiones e impulsos. Deseo ser persuadido tan fácilmente por Tu Espíritu que no tengas que tratar conmigo una y otra vez. Quiero aprender cómo responderte inmediatamente. Señor, enséñame a velar en oración. Ayúdame a estar vigilante y alerta en la oración.

Hoy, oro por los caminos de *(inserte el nombre de su ser querido)*. De acuerdo con el Salmo 32:8, te pido que enseñes a *(inserte el nombre de su ser querido)* en el camino que debe seguir. Padre, guía a *(inserte el nombre de su ser querido)* según Tu consejo (Salmos 73:24). Señor, muéstrale a *(inserte el nombre de su ser querido)* Tus caminos y enséñale a *(inserte el nombre de su ser querido)* Tus caminos. Dirige a *(inserte el nombre de su ser querido)* en Tu verdad y enséñale (Salmos 25:4-5).

Padre celestial, le hablo el Salmo 147:14 a *(inserte el nombre de su ser querido),* para que traiga paz a su territorio. Me apoyo en Tu Palabra de que la simiente de los justos será liberada, según Proverbios 11:21.

Padre, Tú eres el Dios de paz que trajo a nuestro Señor Jesús de vida a muerte a través de la sangre del pacto eterno (Hebreos 13:20). En ese pacto, me prometiste la salvación de mi familia. Tu Palabra dice en

Jeremías 31:16 que mis seres queridos vendrán de nuevo de la tierra del enemigo. Confío en Ti por esa promesa. Declaro que *(inserte el nombre de su ser querido)* vendrá al reino de Dios y dejará atrás la tierra del enemigo.

EDIFIQUE SU FE

SALMOS 25:4-5 (AMPC)

Muéstrame tus caminos, oh Señor; enséñame tus caminos. Guíame en tu verdad y fidelidad y enséñame, porque tú eres el Dios de mi salvación; por ti [a ti sólo y por completo] espero [expectante] todo el día.

SALMOS 32:8 (AMPC)

Yo [el Señor] te instruiré y te enseñaré el camino que debes ir; te aconsejaré con Mis ojos puestos en ti.

SALMOS 73:24 (NTV)

Me guías con tu consejo y me conduces a un destino glorioso.

SALMOS 112:4

En las tinieblas resplandece la luz para los rectos....

RESPONDA CON SU ESPÍRITU

El chofer de la ambulancia estaba sentado en el estacionamiento, disfrutando tranquilamente de una taza de café por la tarde mientras se ponía al día con su compañera sobre las vacaciones que tomó en familia. De repente la voz del despachador rompió el silencio. Las palabras "código completo" alertaron al conductor para que encendiera las luces azules cuando su compañera ingresó la dirección de la llamada en el GPS.

Mientras corrían a través del tráfico con sirenas a todo volumen, idearon su plan de acción, incluso quién se haría cargo de la RCP que ya estaba en marcha en la escena. Detalles adicionales llegaron por el intercomunicador, «El paciente tiene tres años de edad...».

Las imágenes de su propio niño pequeño aparecieron en su mente, pero sabía que permitir que las emociones equivocadas entraran en su mente obstaculizaría su capacidad para ayudar a su paciente. Mientras agarraba el desfibrilador de la parte trasera de la ambulancia, dejó esos pensamientos a un lado y dirigió su atención a salvar la vida de la niña que yacía sin vida ante él.

Las emociones pueden ser útiles o perjudiciales para sus oraciones. Hay que saber cómo mantener las emociones a la par con las oraciones y no obstaculizarlas. Si las emociones nos gobiernan cuando oramos, nos desviaremos del curso porque las emociones NO son guías seguras. Dios

nunca tuvo la intención de que las emociones fueran influenciadas por la carne. Preferiblemente, Dios diseñó las emociones para funcionar bajo el liderazgo del espíritu nacido de nuevo, donde la Palabra de Dios reina.

Cuando usted ora por alguien que se encuentra en las garras de la destrucción, nunca lo haga con pánico o desesperación. Las oraciones llenas de miedo son peligrosas. Sería más productivo tomar el tiempo para fortalecer nuestro corazón a fin de gobernar las emociones y controlar los pensamientos. En esta situación, usted es el "paramédico" espiritual y no puede sucumbir a un colapso emocional.

Efesios 6:10 nos obliga a *«fortalézcanse en el Señor y en el poder de su fuerza»*. Ser fuerte en el Señor es ser espiritualmente fuerte. La oración en Efesios 3:16 es que sean *«fortalecidos con poder por su Espíritu en el hombre interior»*. Por lo tanto, ser espiritualmente fuerte implica responder a cada situación en la vida desde el hombre interior en lugar de la carne. Gálatas 5:16 instruye: *«Digo, pues: Anden en el Espíritu, y así jamás satisfarán los malos deseos de la carne»*. Una vez más, la palabra *andar* se refiere a su vida diaria, las respuestas diarias y las decisiones que toma.

Nos vestimos del hombre espiritual al tomar la decisión de responder desde nuestro corazón, nuestro espíritu nacido de nuevo.

COLOSENSES 3:8-10 (AMPC)

Pero ahora, desechen y deshágan se [completamente] de todas estas cosas: cólera, ira, malos sentimientos hacia los demás, maldiciones y calumnias, insultos y palabras vergonzosas de sus labios. No mienta el uno al otro, ya que se han despojado del viejo yo (no regenerado) con sus malas prácticas y se han revestido del nuevo [yo espiritual] que está [siempre en proceso de ser] renovado y remodelado en [un conocimiento más completo

y perfecto sobre] conocimiento a imagen [la semejanza] de Aquel que lo creó.

Cuando ora por sus seres queridos y la ira aumenta debido a comportamientos irresponsables, póngala a un lado y responda con su espíritu. De la misma manera que el paramédico debe ser profesional y mantenerse enfocado en lo que se debe hacer para salvar la vida de la víctima, debemos mantenernos espirituales.

EFESIOS 4:22-24

Con respecto a su antigua manera de vivir, despójense del viejo hombre que está viciado por los deseos engañosos; pero renuévense en el espíritu de su mente y vístanse del nuevo hombre que ha sido creado a semejanza de Dios en justicia y santidad de verdad.

En este pasaje, la palabra *manera de vivir* significa comportamiento o estilo de vida. Somos responsables de *"despojarnos"* del viejo comportamiento, la forma en que actuamos antes de que el amor de Dios fuera derramado en nuestros corazones. Nos vestimos de la nueva persona espiritual que hemos sido hechos en Cristo.

Cuando entrenamos nuestras emociones para responder a la Palabra de Dios, podremos enfocarnos en la respuesta espiritual que la situación requiere.

NUESTRA POSICIÓN EN ÉL

La Palabra de Dios nos transporta a una nueva posición en la vida. Cuando tomamos nuestra posición en la Palabra de Dios y construimos

nuestra vida sobre Su verdad, nos elevamos a la cima de cada situación. Podemos orar por nuestros seres queridos desde esta posición de victoria. Primera de Juan 5:4 dice: *«Porque todo lo que ha nacido de Dios vence al mundo; y esta es la victoria que ha vencido al mundo: nuestra fe».*

La fe nos eleva. No importa qué tormenta quiera empujarnos bajo el agua, la fe nos hace flotar a la superficie. La palabra *vencer* significa "someter, conquistar, lograr, prevalecer y obtener la victoria". Porque hemos nacido de Dios, podemos someter los ataques del adversario y vencer la duda o el miedo.

La posición que ocupamos es vital para la victoria. Jesús dijo en Juan 16:33 (AMPC): *«Les he dicho estas cosas de modo que en Mí pueden tener la paz perfecta y la confianza...».* La clave de la victoria es operar desde nuestra posición en Él.

Hace años, estaba orando por una situación en la vida de uno de mis hijos. Mi hijo adolescente estaba tomando decisiones que lo ponían en peligro. Continuamente, las reglas se rompían, la línea se cruzaba y mis intentos de comunicarme con mi hijo eran inútiles.

Estaba orando como madre con todas mis emociones maternales y súplicas para que Dios cambiara a mi hijo. Un día, el Señor interrumpió mi oración. Me dijo: «Estás orando desde la posición equivocada. Estás orando desde tu posición como madre. Si tomaras tu lugar en Cristo, progresarías más porque las herramientas y armas que necesitas están en Cristo».

A partir de ese día, ajusté mi posición para orar desde mi lugar en Cristo. Comencé a estudiar y fortalecerme en el conocimiento de quién soy en Cristo y la autoridad que tengo en el nombre de Jesús.

2 CORINTIOS 5:17 (NTV)

Esto significa que todo el que pertenece a Cristo se ha convertido en una persona nueva. La vida antigua ha pasado; ¡una nueva vida ha comenzado!

Nacer de nuevo, nos hace nuevos, espiritualmente llenos de vida y equipados con justicia, lo que significa que hemos sido justificados con Dios. Nuestra posición nos da acceso a Su presencia donde obtenemos ayuda para nuestro ser querido. Haga esta llamada de emergencia al 911 desde esta ubicación autorizada.

EFESIOS 4:24

Y vístanse del nuevo hombre que ha sido creado a semejanza de Dios en justicia y santidad de verdad.

Puede acercarse con confianza al trono de Dios porque Jesús lo ha justificado. Además, está posicionado en un lugar de dominio para tomar autoridad sobre el diablo y las fuerzas de la maldición. Jesús está sentado a la diestra de Dios —el lugar de dominio y autoridad— ¡y usted estás sentado con Él!

EFESIOS 2:6

Y juntamente con Cristo Jesús, nos resucitó y nos hizo sentar en los lugares celestiales.

Una vez escuché que un satélite fue enviado al espacio. Aunque este satélite costó millones de dólares y estaba equipado con instrumentos extensos, no funcionaba correctamente porque no estaba en la órbita adecuada. Para que la NASA pudiera aprovechar el gran potencial de

este satélite, tuvieron que moverlo a la posición correcta. Encendieron los pequeños propulsores unidos a los lados y reposicionaron la nave satélite en la órbita correcta. ¿Adivine qué? ¡Todo se conectó!

Lo mismo ocurre con usted. Dios lo construyó con el equipo y las habilidades sobrenaturales, pero necesita estar en la posición espiritual correcta. De la misma manera que los propulsores reposicionaron el satélite, la Palabra de Dios nos moverá al lugar en Cristo Jesús para acceder el potencial de Dios.

Sus oraciones por sus seres queridos son más efectivas cuando opera en Cristo. Al apoyarse en las promesas de Dios y fortalecer su fe para recibir la ayuda y la intervención de Dios, verá mayores resultados.

SU ORACIÓN DE INTERVENCIÓN

Señor, me acerco a Tu trono en el nombre de Jesús. Te pido, según Efesios 3:16, que me fortalezcas con fuerza por Tu Espíritu en mi hombre interior. Quiero quedarme en un lugar espiritual donde pueda orar eficazmente. Te doy gracias por Cristo, el Ungido y Su unción que mora en mi corazón por fe. Te doy gracias porque estoy arraigada y cimentada en el amor.

Elijo perdonar a cualquier persona que me haya hecho daño para que mi fe pueda funcionar de manera efectiva. Perdono a *(inserte el nombre de su ser querido)* por cualquier cosa que me haya hecho. Elijo mantener mi paz rechazando toda preocupación y ansiedad. Como paramédico espiritual, coloco la salvación eterna sobre *(inserte el nombre de su ser querido)*

como prioridad sobre la agitación emocional o el miedo que me quiera distraer. Me rindo al fruto del Espíritu en mi corazón y permito que el carácter de Dios prevalezca en mí. Señor, ayúdame a mantenerme espiritualmente alerta y enfocado en Tus instrucciones.

Coloco a *(inserte el nombre de su ser querido)* en Isaías 49:25 y declaro que contenderás con el que contiende conmigo y salvarás a *(inserte el nombre de su ser querido)*. Según Isaías 54:13, *(inserte el nombre de su ser querido) será* enseñado por el Señor y grande será la paz de *(inserte el nombre de su ser querido)*. Por la sangre de Tu pacto, Tú has librado a *(inserte el nombre de su ser querido)* de la cisterna sin agua (Zacarías 9:11). Gracias, Señor, por dirigir sus pasos hacia Tu luz.

Te pido, Padre, en el nombre de Jesús que llenes a *(inserte el nombre de su ser querido)* con el conocimiento de Tu voluntad. (Colosenses 1:9) Hazle saber a *(inserte el nombre de su ser querido)* cuán grande es realmente Tu amor por él/ella. Gracias, Dios, por el gran trabajo que estás haciendo en la vida de *(inserte el nombre de su ser querido)*.

EDIFIQUE SU FE

EFESIOS 3:14-21 (WET)

Por este motivo doblo mis rodillas ante el Padre de quien toma nombre toda familia en el cielo y en la tierra, para que les conceda según las riquezas de Su gloria, con el poder para ser fortalecidos en el hombre interior por el Espíritu, para que

Cristo finalmente se establezca y se sienta completamente a gusto en sus corazones a través de su fe; en el amor estando firmemente arraigados y cimentados para que puedan comprender con todos los santos cuál es la anchura y la longitud y la altura y la profundidad, y conocer experiencialmente el amor de Cristo que sobrepasa el conocimiento empírico para que puedan ser llenos hasta la medida de toda la plenitud de Dios.

Ahora bien, a Aquel que es capaz de hacer más allá de todas las cosas, sobreabundantemente más allá y además de aquellas cosas que pedimos y consideramos, en la medida del poder que actúa en nosotros, a Él sea la gloria en la Iglesia y en Cristo Jesús por todas las generaciones del siglo de los siglos. Amén.

HECHOS 16:31 (WET)

Y ellos dijeron: Confía de una vez y para siempre en el Señor Jesús, y en cuanto a usted, será salvo, y también su casa.

PARADOS EN LA BRECHA

EZEQUIEL 22:30

Busqué entre ellos un hombre que levantara el muro y que se pusiera en la brecha delante de mí, intercediendo por la tierra para que yo no la destruyera; pero no lo hallé.

La frase *se pusiera en la brecha* coincide con la frase anterior *levantara el muro.* Las ciudades estaban protegidas por un muro que los rodeaba, necesitaban defender cualquier área donde hubiera un hueco o un espacio vacío en el muro. Dios usa esta analogía en referencia a la intercesión. Su objetivo era que alguien orara por misericordia para que Él tuviera el derecho legal de diferir el juicio, permitiendo que la gente se arrepintiera.

Abraham, conocido como un amigo de Dios (Santiago 2:23), se paró en la brecha para diferir el juicio que venía sobre Sodoma y Gomorra.

GÉNESIS 18:23-26 (AMPC)

Y se acercó y dijo: ¿Destruirás a los justos [a los rectos y en buena posición ante Dios junto con los impíos]? Supongamos que hay en la ciudad cincuenta justos; ¿Destruirás el lugar y no lo perdonarás por [el bien de] los cincuenta justos que hay en él? Lejos de Ti hacer tal cosa: ¡matar a los justos con los malvados, para

que a los justos les vaya como a los malvados!¡Lejos de Ti! ¿No ejecutará juicio y hará justicia el Juez de toda la tierra?

Y dijo el SEÑOR: Si encuentro en la ciudad de Sodoma cincuenta justos [rectos y en buena posición ante Dios] perdonaré todo el lugar por amor de ellos.

Abraham continuó pidiendo misericordia hasta que Dios accedió a perdonar la ciudad, si encontrara a diez personas justas. Aunque Dios no los encontró y el juicio cayó sobre la ciudad, Dios envió ángeles para rescatar a Lot y su familia. Debido a que Abraham estaba dispuesto a pararse en la brecha ante Dios, su familia recibió misericordia.

Dios dijo: «*Busqué*» a alguien que se parara en la brecha delante de mí. Incluso ahora, el Señor busca a alguien en cada familia, lugar de trabajo, barrio, ciudad, estado y región que pida Su misericordia. Cuando usted se encuentra en el lugar quebrantado de la vida de su ser querido y ora para que se demuestre el amor de Dios, esa persona tiene la oportunidad de apartarse de sus caminos y caminar en el plan de Dios.

Aarón tomó esa posición cuando la plaga pasaba por el campamento de los israelitas. La plaga fue un juicio por algo que habían hecho, pero Moisés le ordenó a Aarón que pidiera la misericordia de Dios parándose en la brecha que habían causado, sosteniendo el fuego santo del altar.

NÚMEROS 16:46-48

y Moisés dijo a Aarón:

—Toma el incensario, pon fuego del altar en él y pon incienso en él; ve rápidamente hacia la congregación y haz expiación por ellos. Porque se ha encendido la ira del SEÑOR, y la mortandad ha comenzado.

*Entonces Aarón tomó el incensario, como le había dicho Moisés, y corrió al medio de la asamblea. Y he aquí que la mortandad ya había comenzado entre el pueblo. Él puso incienso e hizo expiación por el pueblo, **y se puso de pie entre los muertos y los vivos**. Así cesó la mortandad.*

La intervención de Aarón permitió que la misericordia de Dios prevaleciera. ¡Esto es lo que sucede cuando usted ora! Está parado en la brecha, formando un muro de misericordia. ¡Usted tiene una relación con Dios que le permite intervenir y permitir la misericordia de Dios en lugar del juicio!

NO LE DEN DESCANSO AL SEÑOR

ISAÍAS 62:7 (NTV)

No le den descanso al Señor hasta que termine su obra.

Cuando esté seguro de la voluntad de Dios de salvar a su ser querido, comprenderá que Dios no se siente insultado por su persistencia. Su amor es la fuerza que lo hace seguir pidiendo misericordia incluso cuando su ser querido ha superado repetidamente el límite. La misericordia de Dios es la fuente de su valentía para estar en la brecha por ellos. Dios quiere que usted permanezca en su intervención orando hasta que el trabajo esté terminado. Así como Abraham continuó las negociaciones, Dios quiere que usted permanezca en la línea, obrando Su voluntad en la situación con su autoridad.

ISAÍAS 62:7 (MSG)

He puesto centinelas en tus muros, Jerusalén. Día y noche siguen así, orando, clamando, recordándole a Dios que recuerde. No le darán paz hasta que haga lo que dijo, hasta que haga famosa a Jerusalén como la Ciudad de Alabanza.

Pablo no disminuyó sus oraciones de intervención cuando quedaron atrapados en una tormenta en el mar. Pablo les había advertido por revelación de Dios no salir del puerto, pero ignoraron sus advertencias. Pablo intervino por ellos de todos modos. En Hechos 27:24, el ángel dijo: «*... Dios te ha concedido todos los que navegan contigo*». En el versículo 37, descubrimos cuántas personas fueron salvadas por la oración de intervención de Pablo: «*Éramos en total doscientas setenta y seis personas en la nave*». Dios concedió la intervención de Pablo y salvó a 276 personas, y ¡Dios, que es rico en misericordia, extenderá misericordia a su ser querido en respuesta a su oración!

LEVANTE UN MURO

EZEQUIEL 13:5 (NBLA)

Ustedes no han subido a las brechas, ni han levantado un muro alrededor de la casa de Israel, para que pueda resistir en la batalla en el día del Señor.

La frase *levantar el muro* también se define como "cercar el muro". En las colinas del este de Tennessee, donde yo crecí, vi muchos cercos que marcaban la línea de una propiedad. El cerco marcaba dónde comenzaba

la propiedad de una familia y dónde terminaba la línea de propiedad de otra. Si no hay un cerco o si está roto, ¿Cómo saber dónde están los límites de una propiedad?

En contexto, el versículo habla de preparación espiritual para que la nación pueda estar de pie en el día de la batalla. Si se rompe el cerco, no se puede mantener protegida.

En nuestra vida, ¿quién puede decir dónde comienza y termina la línea de propiedad de Dios? El enemigo invadirá la propiedad suya o la vida de sus seres queridos a menos que pongamos un cerco.

Dios quiere que usted construya o arregle el cerco. Dios necesita un centinela en el campo de batalla que marque el territorio del reino de Dios. La salvación de los miembros de nuestra familia es una promesa.

HECHOS 16:31

Ellos dijeron:
—Cree en el Señor Jesús y serás salvo, tú y tu casa.

Dios hizo la promesa del pacto a Abraham acerca de sus hijos. ¡El bienestar y la prosperidad de nuestras familias son parte de nuestra herencia y convenio!

GÉNESIS 17:7

Yo establezco mi pacto como pacto perpetuo entre tú y yo, y tu descendencia después de ti por sus generaciones, para ser tu Dios y el de tu descendencia después de ti.

Usted debe reclamar sus vidas como territorio para Dios y edificar el cerco para indicar los límites de la propiedad. Imagínese este escenario.

El enemigo está acampado en la vida de su familiar. Tiene una bandera de adicción a las drogas ondeando sobre su campamento. Tiene cercas de alambre de púas de miedo y vergüenza que rodean todo el territorio. Tiene guardias armados en cada entrada a la vida de esta persona. Los guardias están usando adicciones, pornografía o vergüenza por sus fracasos para mantenerlos en esclavitud. El enemigo ha marcado sus vidas como si fuera su territorio y las ha reclamado para él.

Usted tiene el título de escritura de fe que incluye el mapa de este territorio. Esta línea de propiedad ha sido derribada por el pecado, y el enemigo ha reclamado ilegalmente esta propiedad. Usted tiene que tomar la autoridad del nombre de Jesús y restablecer la línea de propiedad. ¡Levante el muro! ¡Reconstruya el límite que marca a esta persona como tierra del reino!

Cada persona tiene libre albedrío, y nuestras oraciones no anularán su derecho a elegir o rechazar a Dios. Pero nuestras oraciones cargan la atmósfera con la luz de Dios, emplean los ejércitos de ángeles y abren puertas para que Dios les revele Su amor, compasión y misericordia. Nuestras oraciones resisten las maquinaciones, artimañas y estrategias del adversario, derribando cosas que ha dedicado años construyendo. Nuestras oraciones abastecen los estantes de sus vidas con respuestas espirituales, esperanza y fortaleza.

¡Usted puede levantar el cerco! ¡Dios le dará fuerza, pero usted debe permanecer en la brecha!

SU ORACIÓN DE INTERVENCIÓN

Padre, en el nombre de Jesús, aplico la sangre de Jesús para cubrir la mente, la voluntad y las emociones de *(inserte el nombre de su ser querido)*. Aplico la sangre de Jesús al espíritu y al cuerpo de *(inserte el nombre de su ser querido)*. Reclamo el territorio que el enemigo ha tomado ilegalmente. Me enfrento al adversario en el nombre de Jesús y hago cumplir las líneas fronterizas del reino.

¡Satanás, estás traspasando! Te ordeno que dejes esta vida. Te ordeno que remuevas tus armas de la vida de *(inserte el nombre de su ser querido)*. En el nombre de Jesús, derribo las fortalezas del rechazo, la incredulidad, el egoísmo y el miedo en la vida de *(inserte el nombre de su ser querido)*.

Construyo un muro de esperanza alrededor *(inserte el nombre de su ser querido)* y cubro su vida con el pacto de Dios. Dejo que el estandarte del amor de Dios esté en exhibición, marcando a *(inserte el nombre de su ser querido)* para Dios.

Desato ángeles a marcar esta línea del reino. El diablo y sus fuerzas no tienen poder aquí. Declaro que Jesucristo es el Señor de esta tierra. *(Inserte el nombre de su ser querido)* le pertenece al reino de Dios debido al pacto de Dios conmigo.

Señor, me mantengo firme en Tu promesa y disposición para salvar a mi familia. Tu Palabra dice que derramarás Tu Espíritu sobre mi descendencia y Tu bendición sobre mis descendientes. (Isaías 44:3) Tú contenderás con aquel que contiende conmigo, y darás seguridad a mis hijos y los aliviarás día a día (Isaías 49:25 AMPC).

Confieso Isaías 54:13 sobre *(inserte el nombre de su ser querido)*. *(Inserte el nombre de su ser querido)* será discípulo(a) [enseñado(a) por el Señor y obediente a Su voluntad], y grande será la paz y la compostura imperturbable de *(inserte el nombre de su ser querido)* (Isaías 54:13).

Dios, Tú conoces los pensamientos y planes que tienes para *(inserte el nombre de su ser querido),* pensamientos y planes para el bienestar y la paz y no para el mal, para darle a *(inserte el nombre de su ser querido)* esperanza en su resultado final (Jeremías 29:11 AMPC).

Según Colosenses 1:12-13 Doy gracias al Padre, que nos ha librado y atraído hacia Sí fuera del control y dominio de las tinieblas y nos ha trasladado al reino del Hijo de Su amor. Declaro esto en la vida de *(inserte el nombre de su ser querido).* Dios ha liberado y atraído a *(inserte el nombre de su ser querido)* hacia Sí mismo fuera del control y dominio de las tinieblas y ha transferido a *(inserte el nombre de su ser querido)* al reino de Jesucristo. Me alegro de que Tu Palabra no regrese vacía.

EDIFIQUE SU FE

SALMOS 9:10 (AMPC)

Y los que conocen Tu nombre [que tienen experiencia y conocimiento de Tu misericordia] se apoyarán y con seguridad depositarán su confianza en Ti, porque Tú, Señor, no has abandonado a los que te buscan (preguntan de y para) [bajo la autoridad de La Palabra de Dios y el derecho de su necesidad].

SALMOS 13:5 (AMPC)

Pero he confiado, me he inclinado y he sido confidente en tu misericordia y bondad; mi corazón se alegra y está animado en tu salvación.

ISAÍAS 44:3 (NTV)

Pues derramaré agua para calmar tu sed y para regar tus campos resecos; derramaré mi Espíritu sobre tus descendientes, y mi bendición sobre tus hijos.

ORANDO POR AQUELLOS QUE SE AUTOLESIONAN O TIENEN PENSAMIENTOS SUICIDAS

Padre, Te pido en el nombre de Jesús que intervengas en la vida de *(inserte el nombre de su ser querido)*. Estoy en la brecha para que se libere de pensamientos de hacerse daño a sí mismo(a) o de acabar con su vida. Como Tu representante, declaro en el nombre de Jesús que la mente de *(inserte el nombre de su ser querido)* esté libre de cualquier pensamiento plantado y energizado por el enemigo. Toda presión demoníaca contra la mente de *(inserte el nombre de su ser querido)* debe romperse y todo peso de opresión y depresión debe levantarse y eliminarse. Ato cualquier espíritu demoníaco que promueva la ira, el rechazo, el estrés y el tormento como punto de entrada a la vida de *(inserte el nombre de su ser querido)*. Señor, envía obreros a su camino: personas que puedan llegar a ellos con Tu Palabra, personas que les señalen hacia Ti. Da valentía a esos obreros y bendícelos por ministrar a mi ser amado.

Según el Salmo 147:3, Tú sanas a los quebrantados de corazón y vendas todas sus heridas. Libero el amor de Dios para que inunde el corazón de *(inserte el nombre de su ser querido)* y expulse todo temor. Cualquier dolor mental o emocional atormentador sea aliviado en el nombre de Jesús. Padre, ayuda a *(inserte el nombre de su ser querido)* a perdonar a

todos los que le han hecho mal. Que ese perdón cierre la puerta que el enemigo ha utilizado para entrar en sus pensamientos.

Por fe, enmarco el bienestar de *(inserte el nombre de su ser querido)* con los siguientes versículos.

Con el Salmo 121:7-8, declaro: "El Señor guardará a *(inserte el nombre de su ser querido)* de todo mal: Él guardará el alma de *(inserte el nombre de su ser querido)*. El Señor guardará la salida y la entrada de *(inserte el nombre de su ser querido)* desde ahora y para siempre".

Con Juan 10:10, declaro: "Protege a *(inserte el nombre de su ser querido)* de todo robo, asesinato y destrucción satánicos. Deja que la vida abundante de Jesucristo preserve el corazón y la mente de *(inserte el nombre de su ser querido)*".

Con Job 33:30 (NBLA) digo: "Padre, Te pido que rescates la vida de *(inserte el nombre de su ser querido)* de la fosa [de la destrucción], para que *(inserte el nombre de su ser querido)* sea iluminado(a) con la luz de la vida".

Señor, confío en Ti y dependo de Ti para ayudar a *(inserte el nombre de su ser querido)*. Te pido que liberes a Tus ángeles para que acampen a su alrededor y le protejan de la presión demoníaca para dañarse a sí mismo(a). Atráele hacia Ti por Tu Santo Espíritu, Padre. En el nombre de Jesús.

ORANDO POR AQUELLOS QUE ESTÁN ENGAÑADOS

Padre, en el nombre de Jesús, Te doy gracias porque eres el Camino, la Verdad y la Vida. Deseas que *(inserte el nombre de su ser querido)* tenga verdad en su interior y que camine en la libertad que proviene de caminar a la luz de Tu verdad. Estoy de acuerdo con Tu voluntad y te pido que conviertas a *(inserte el nombre de su ser querido)* de las tinieblas a la luz y del poder de Satanás a Dios (Hechos 26:18). Me opongo a cualquier engaño que se haya establecido en *(inserte el nombre de su ser querido)*. Ato el engaño y la mentira en el nombre de Jesús.

Oro para que la sangre de Jesús cubra la vida de *(inserte el nombre de su ser querido)* y rompa cualquier fortaleza demoníaca abierta por brujería, horóscopos, psíquicos u ocultismo. Dejo que la luz de la verdad de Dios prevalezca sobre las enseñanzas de religiones falsas en la mente de *(inserte el nombre de su ser querido)* y sobre las agendas seculares que promueven estilos de vida alternativos y la confusión de género. Expongo las mentiras del enemigo que le han sido presentadas a *(inserte el nombre de su ser querido)*, en el nombre de Jesús.

Pido que se quite todo velo de los ojos de *(inserte el nombre de su ser querido)*, que no sea cegado(a) por las opiniones de los demás, por los pensamientos e ideas del mundo, sino *(inserte el nombre de su ser querido)* conocerá la verdadera voz del Pastor.

Señor, Te pido que traigas convicción a *(inserte el nombre de su ser querido)* en cualquier área en la que crea una mentira. Muestra a *(inserte el nombre de su ser querido)* estas áreas y tráelas a su mente.

Tu Palabra dice que Tú liberas a los cautivos, y hoy declaro que *(inserte el nombre de su ser querido)* está libre de engaño. Te alabo y te agradezco porque mantienes a *(inserte el nombre de su ser querido)* seguro en Tu verdad y que *(inserte el nombre de su ser querido)* tendrá el deseo de permanecer en Ti.

REFLEXIONES FINALES

Este no es un libro para leerlo una vez y dejarlo a un lado. Es una herramienta para guiarlo hacia una mayor efectividad en su intervención. Comience de nuevo desde el primer día, vuelva a leer las enseñanzas y aplique los principios nuevamente. Ponga a trabajar las estrategias y directivas de oración con mayor habilidad. Cuando usted se sienta débil, encuentre su fuerza en la Palabra y la presencia de Dios. No deje que las circunstancias lo desgasten.

Quiero animarlo a permanecer firme. La oración no funciona como un microondas o un drive-thru. Estamos tratando con la voluntad de una persona. Dios es paciente, y Su amor es sufrido. Él le ayudará a tener paciencia y a continuar en su firmeza. Dios continuará atrayendo a su ser querido por Su Espíritu a medida que usted le da el derecho legal de tratar con él/ella.

Por último, va a necesitar compañeros de oración. La Biblia dice que uno puede poner a correr a mil, y dos pueden poner a correr diez mil. Nuestra capacidad se multiplica cuando unimos fuerzas. Puede visitar mi sitio web (www.constructoresdefe.com) para hacer peticiones de oración o enviarlas por carta a nuestras oficinas. Quiero verlo a usted y a sus seres queridos regocijándose conmigo en el cielo.

UNA ORACIÓN DE SALVACIÓN

Amado Padre Celestial:

Vengo a Ti en el nombre de Jesús. Tu Palabra dice: «... *que si confiesas con tu boca que Jesús es el Señor y si crees en tu corazón que Dios lo levantó de entre los muertos, serás salvo»*. También dijiste: *«Porque todo aquel que invoque el nombre del Señor será salvo»* (Romanos 10:9 y 13).

Creo en mi corazón que Jesucristo es el Hijo de Dios. Creo que Jesús murió por mis pecados y resucitó de entre los muertos. Estoy invocando Su nombre, el nombre de Jesús. Padre, sé que Tú me salvas ahora.

Tu Palabra dice: *«Porque con el corazón se cree para justicia, y con la boca se hace confesión para salvación»*. (Romanos 10:10). Creo con mi corazón, y confieso a Jesús ahora como mi Señor. ¡Por lo tanto, soy salvo! Gracias, Padre.

CÓMO PUEDO SER LLENO DEL ESPÍRITU SANTO

Hechos 2:38 dice: «... *Arrepiéntanse y sea bautizado cada uno de ustedes en el nombre de Jesucristo para el perdón de sus pecados, y recibirán el don del Espíritu Santo*». El Espíritu Santo nos es dado a nosotros, los hijos de Dios, por nuestro Padre Celestial.

Jesús dijo a sus discípulos: «*Pero recibirán poder cuando el Espíritu Santo haya venido sobre ustedes, y me serán testigos*» (Hechos 1:8). Cuando somos bautizados con el Espíritu Santo, recibimos poder sobrenatural que nos permite vivir victoriosos.

EL ESPÍRITU SANTO EN EL CREYENTE Y SOBRE EL CREYENTE

Cuando nacemos de nuevo, recibimos la morada de la persona del Espíritu Santo. Romanos 8:16 nos dice: «*El Espíritu mismo da testimonio juntamente con nuestro espíritu de que somos hijos de Dios*». Cuando nacemos de nuevo, lo sabemos porque el Espíritu da testimonio con nuestro propio espíritu de que somos sus hijos. Él nos lo confirma. Él es capaz de dar testimonio con nuestro espíritu porque Él vive dentro de nosotros; usted está habitado por el Espíritu de Dios.

Pero Jesús habla en Hechos 1:8 de otra experiencia que le sigue al nuevo nacimiento. «*... cuando el Espíritu Santo haya venido sobre ustedes*». Esta interacción con el Espíritu de Dios le pertenece a cada creyente.

Dios quiere que usted esté lleno y rebosante de Su Espíritu. Estar lleno del Espíritu es como estar lleno de agua. El hecho de que haya bebido un trago de agua no significa que esté lleno de agua. En el nuevo nacimiento, usted recibió la morada del Espíritu, o sea, un trago de agua. Pero ahora Dios quiere que sea lleno hasta rebosar, que sea repleto, es decir, bautizado con el Espíritu Santo.

HECHOS 2:1-4

Al llegar el día de Pentecostés estaban todos reunidos en un mismo lugar. Y de repente vino un estruendo del cielo, como si soplara un viento violento, y llenó toda la casa donde estaban sentados. Entonces aparecieron, repartidas entre ellos, lenguas como de fuego, y se asentaron sobre cada uno de ellos. Todos fueron llenos del Espíritu Santo y comenzaron a hablar en distintas lenguas, como el Espíritu les daba que hablaran.

Cuando los discípulos fueron llenos del Espíritu Santo, comenzaron a hablar en otras lenguas. El Espíritu Santo les dio las palabras para que hablaran en un idioma desconocido para ellos. Hoy, cuando un creyente está lleno del Espíritu Santo, también hablará en otras lenguas. Estas no son palabras que vienen de la mente del hombre, sino que son dadas por el Espíritu Santo.

¿Cuál es el beneficio de ser lleno del Espíritu Santo con la evidencia de hablar en otras lenguas? Primera de Corintios 14:2 dice: «*Porque el que habla en una lengua no habla a los hombres sino a Dios...*». Hablar en otras

lenguas es una manera sobrenatural de comunicarse con nuestro Padre Celestial. Este es uno de muchos grandes beneficios.

Una vez que reciba el bautismo del Espíritu Santo, puede ceder a Su fluir en cualquier momento, y hablar en otras lenguas cuando quiera; no hay que esperar a que Dios se mueva. Cuanto más hablamos en otras lenguas, más nos beneficiamos de este regalo. A medida que continuamos hablando en lenguas diariamente, podremos sostener una vida llena del Espíritu; viviremos repletos del Espíritu.

UNA ORACIÓN PARA RECIBIR EL BAUTISMO DEL ESPÍRITU SANTO

"Padre, entiendo que el don del Espíritu Santo me pertenece porque soy Tu hijo. Vengo a Ti para recibir este regalo. Recibo el don del Espíritu Santo por fe de la misma manera que recibí a Jesús como mi Señor por fe. ¡Creo que ahora recibo el Espíritu Santo! Creo que hablaré en otras lenguas a medida que el Espíritu me dé la expresión, al igual que en Hechos 2 en el Día de Pentecostés. Gracias por llenarme con el Espíritu Santo".

A medida que las palabras que el Espíritu de Dios le da flotan de su corazón, debe abrir la boca y pronunciar esas palabras. Las palabras no vendrán a su mente, pero brotarán de su espíritu. Diga esas palabras.

ACERCA DE LA AUTORA

Michelle Steele conoce el poder de Dios que cambia vidas, ya que Jesús la libró milagrosamente de una vida de destrucción y adicción. Hoy, Michelle y su esposo, el pastor Philip Steele, son pastores de iglesias en De Soto, Kansas, y Little Rock, Arkansas. Michelle también presenta Constructores de fe, un programa de televisión que se transmite en inglés y español. Los Steele tienen su hogar en Little Rock y son padres de cinco hijos.

Equipping Believers to Walk in the Abundant Life

John 10:10b

Connect with us for fresh content and news about forthcoming books from your favorite authors...

Facebook @ HarrisonHousePublishers

Instagram @ HarrisonHousePublishing

www.harrisonhouse.com

www.ingramcontent.com/pod-product-compliance
Lightning Source LLC
Chambersburg PA
CBHW062048080426
42734CB00012B/2589